现代"神行太保"

王福康　编著

知识出版社

图书在版编目（ＣＩＰ）数据

现代"神行太保"/王福康编著． -- 北京：知识出版社，2016.5
（科学手拉手）
ISBN 978-7-5015-9116-9

Ⅰ．①现… Ⅱ．①王… Ⅲ．①仿生—青少年读物
Ⅳ．① Q811-49

中国版本图书馆 CIP 数据核字（2016）第 106127 号

现代"神行太保"

出 版 人	姜钦云
责任编辑	刘 盈
装帧设计	国广中图
出版发行	知识出版社
地 址	北京市西城区阜成门北大街 17 号
邮 编	100037
电 话	010-88390659
印 刷	北京一鑫印务有限责任公司
开 本	889mm×1194mm 1/16
印 张	8
字 数	100 千字
版 次	2016 年 5 月第 1 版
印 次	2020年2月第2次印刷
书 号	ISBN 978-7-5015-9116-9

定 价 29.80 元

卷首语

　　本书是一本科学故事集，通过一则则的科学故事，为青少年朋友打开了一扇通往科学世界的大门。

　　在现代社会中，机械不仅广泛应用于社会生产，而且与我们的生活密切相关，从我们日常使用的汽车、自行车、钟表、照相机、洗衣机、冰箱、空调机、吸尘器等，到现在应用于人体的各种仿生机械。机械的奇妙功能，使人类的许多幻想变成了现实。

　　看过《水浒传》的读者朋友们，你还记得有个叫戴宗的人吗？他"有一等惊人的道术；把两个甲马拴在两只腿上，作起'神行法'来，一日能行五百里；把四个甲马拴在腿上，便一日能行八百里。"虽然，他没有战功，却因为有此神行法，可来无影、去无踪，脚底下的功夫甚是了得。因此，戴宗身居天罡星第20位，被人们称作"神行太保"。

　　美国发明了一种仿生机械腿，士兵把它绑缚在腿上，个个也能像《水浒传》中的"神行太保"一样疾步如飞。

　　世界上的事物都是在运动的。古希腊哲学家赫拉克利特有句名言："人不能两次踏入同一条河流"。因为河水在不停流动着，当人第二次踏入这条河时，接触到的已不是原来的河水，而是从上游来的新河水。

　　从伽伐尼的"青蛙实验"发现生物电、伏打发明电池，到电磁的相互转换，揭开了电磁的奥秘。现在，我们的生产和生活已经离不开电与磁，生产中的各种机械都要靠电来转动，日常用的电器、出行的交通工具等都要用到电与磁。

　　在千余年前，人们已经开始关注色彩。但是，真正揭开色彩秘密的是18世纪科学家牛顿。他通过著名的色散实验，发现了太阳光可分解成红橙黄绿青蓝紫七色，并提出光的本质是一种微粒，后来，麦克斯韦又提出，光是一种电磁波。现代科学已证实，光具有波动性和粒子性。在人们的生产劳动和社会生活中，色彩的重要性是显而易见的。外界的一切视觉形象，如物体的形状、空间、位置的界限和区别都是通过色彩区别和明暗关系反映出来的，而视觉的第一印象往往是对色彩的感觉。

　　夜晚，当人们仰望璀璨的星空时，神奇的宇宙牵动着人们的思绪，宇宙中有太多的未知等待着人们去探索。

　　科学其实离我们并不远，青少年朋友从小培养对科学的兴趣，即使不能成为一个大科学家，也可以成为一个有知识、懂科学的人。

目　录

奇妙的机械

电磁的奥秘

光与色的秘密

奇妙的物体运动

探索宇宙

奇妙的机械

有时候机械很神奇，小小的千斤顶可以将整幢大楼搬移几百米，圆圆的轮子可以使重物很容易地被推动，螺旋泵可以让水从低处向高处流……现代工业生产和工程建设离不开机械，我们的日常生活也离不开机械。

现代 "神行太保"

　　看过《水浒传》的小朋友，你还记得有个叫戴宗的人吗？他 "有一等惊人的道术；把两个甲马拴在两只腿上，作起'神行法'来，一日能行五百里；把四个甲马拴在腿上，便一日能行八百里。" 虽然，他没有战功，却因为有此神行法，可来无影、去无踪，脚底下的功夫甚是了得。因此，戴宗身居天罡星第20位，被人们称作 "神行太保"。

　　美国发明了一种仿生机械腿，士兵把它绑缚在腿上，个个也能像《水浒传》中的 "神行太保" 一样疾步如飞。

　　仿生机械腿看上去有点像美国电影《阿甘正传》中，阿甘腿上安装的腿部矫正器。仿生机械腿是一对合金制成的不锈钢机械腿，由携带者臀部的一台小型发动机提供机械腿行走的动力。臀部后方还有一个精致的折叠式小钢架，可以存放士兵的军用背包、武器等物品。机械腿的下端穿着一双经过改进的美军陆战靴。整套装备重约45千克。

　　仿生机械腿的模样看起来非常怪异，除了一根根不锈钢和大大小小的螺丝之外，机械腿上还安装着40多个传感器和液压装置。它们能模仿人的神经系统，对身体上背负的重量进行实时计算，然后调节仿生机械腿，将重量合理地分配到钢架结构上，从而使负重者承担的压力降低到最小。传感器还能调整人腿步行的速度。

现代 "神行太保" ——仿生机械腿

在仿生机械腿上看不到操纵杆和键盘，也没有开关。一旦被安装在携带者腿上，仿生机械腿与人体就组成了一个协调而完美的整体。在发动机的轰鸣声中，安装了仿生机械腿的士兵立刻变成了"神行太保"，试验人员装上重达45千克的仿生机械腿，背上重达35千克的重物，却依然能够疾步如飞。

机械本是用于生产的一种工具，但在现代社会中，机械不仅广泛应用于社会生产，而且与我们的生活密切相关，从我们日常使用的汽车、自行车、钟表、照相机、洗衣机、冰箱、空调机、吸尘器等，到现在应用于人体的各种仿生机械。机械使人类的许多幻想变成了现实。

用小力量推动大物体的阿基米德

古希腊的基耶龙国王是阿基米德的朋友。有一次，阿基米德写信告诉他："有一种力量可以托起任何重量的物体。"基耶龙国王看到后十分惊讶，真有这样的力量吗？他要阿基米德证实给他看。

阿基米德和国王一起来到海边，看那里停了一艘装满货物的三层帆船，他对国王说，我可以用一个人的力量将它拖上岸。国王估计这艘装满货物的三层帆船至少也有200吨重。在陆地上要想移动200吨重的物体至少需要1 600人。现在，阿基米德说他一个人就可以将它拖上陆地，国王怎么也不相信。阿基米德让船员回到船上去。然后，他将一根很粗的绳索的一头系在船头，另一头通过一组滑轮连接在一个手动绞盘上。阿基米德在离船不远的地方坐下来，不慌不忙地转动手动绞盘，慢慢地将船拉上了岸。

滑轮是一种简易机械，它通常由一个带凹槽的轮子绕上绳索、缆绳或链条组成。

邮票上的阿基米德

人们借助滑轮可以用较小的力提升较重的物体。在实际使用中，通常是将多个滑轮组合在一起，构成了一个滑轮组。

滑轮有两种，一种叫定滑轮，它的轴是固定不动的；另一种叫动滑轮，它的轴随物体一起运动。定滑轮可以改变用力的方向，但是，它不能省力。动滑轮可以省力，但不能改变用力的方向。在很多情况下，单用动滑轮来省力，使用起来会很不方便，因此，常常要将动滑轮与定滑轮组合起来使用。定滑轮和动滑轮组合在一起叫作滑轮组。

滑轮对我们来说并不陌生，在我们在日常生活中经常会遇到。每天早晨，我们在校园里举行升旗仪式，在高高的旗杆顶上就安装着一只定滑轮，使我们站在下面就能将旗子升起来。如果没有这只定滑轮，我们就只能站到旗杆的顶上将旗子拉上去，那多危险呀！在家中的卷帘门、竹帘子等上，我们都可以找到滑轮的踪迹。当然，滑轮主要还是应用在起重上，起重机、吊车等都是运用了滑轮的原理。

古希腊的"工程奇才"赫伦

公元前100年，古希腊的亚历山大城出现了一位名叫赫伦的"工程奇才"，他被人们看作是阿基米德的继承者。他创造了复杂的机械木偶剧场、消防车、鼓风机、滑轮系统、里程计、自调式油灯、新型注射器、与现代经纬仪相似的测量仪、会鸣叫的机械鸟、太阳能喷泉、水琴、风车驱动的风琴等，其中最惊人的是发明了蒸汽反冲球。这个发明是第一次把热能转换成了机械能，它所包含的原理已经延伸到了近代和现代。下面介绍赫伦的四个发明。

投币式老虎机

投币式老虎机。在古希腊，拜神者入神庙前要按照礼仪用水清洗面部和双手。于是，赫伦就设计了一台投币式老虎机放在神庙的门口。拜神者将一

枚五德拉克马铜币投入这个装置中，铜币就落到了悬挂在一根水平横杆一端的小盘里，将横杆的一端往下压，另一端随之抬起，打开阀门，使水流出。然后，铜币从小盘中滑落，横杆又趋于平衡，将阀门关闭，截断水流。这是世界上第一台老虎机。

神庙里的自动门。赫伦在祭坛下方装了一个金属球。祭坛点火后，球中的空气受热，使球中的水经一根虹吸管进入一个大水桶。水桶由链子悬空吊在一组重锤和滑轮之下，当水桶灌水变得较重时，重锤和滑轮便将装有枢轴的门打开。当祭坛的火熄灭后，

神庙里的自动门

由于球内的空气冷却，水桶中的水经虹吸管回流进球内。水桶变轻，便向上移动，便将门缓缓地关闭。这个装置像一只无形的手将神庙的门打开和关闭，令人叫绝。

古希腊的蒸汽机。赫伦发明的蒸汽机叫"风球"。他在一只密封的大锅上安装了两根管子，在管子中间有一个圆球。待锅中的水沸腾后，水蒸汽经过管子进入圆球。圆球上有两个喷气口，水蒸汽从中喷出，会使圆球高速旋转。它与现代喷气推进的原理极为相似。但是，它要比19世纪蒸汽机的发明早2 000年。

后来，有人依据赫伦的发明仿制了一台，它的旋转速度可达到每分钟1 500转以上。有科学家评论说："赫伦机器上的圆球极有可能是当时世界上旋转速度最快的物体。"

赫伦的自动剧场。自动剧场或许是赫伦最有趣、最复杂的发明了。他设计了一座带轮子的微型剧场，可以在演出前于观众面前自动就位。几扇门开启闭合，小圣坛燃起圣火，机械人旋转并四处移动。表演结束后，整个装置自行离去。

他设计的自动剧场，木偶可以做出很复杂的动作。在一座微型剧场中，曾上演过一出名为《纳夫普利乌斯》的剧作，讲述特洛伊战争期间的一个复

仇的故事。

卓越的机械设计师达·芬奇

　　凡是到法国旅游的人，都会参观巴黎的卢浮宫。到了卢浮宫，人们都会去看一幅名为《蒙娜丽莎》的名画，《蒙娜丽莎》是卢浮宫的镇馆之宝。如果没有看过《蒙娜丽莎》就等于没来过卢浮宫。这幅画的作者就是达·芬奇。

　　达·芬奇是意大利文艺复兴时期最著名的艺术家之一，与米开朗琪罗、拉菲尔合称文艺复兴时期的画坛三杰。

　　那么，一个画家与机械设计有什么关系呢？

　　达·芬奇不仅是一位杰出的艺术家，而且是一位非常有成就的科学家。

　　1483 年，达·芬奇给米兰大公司写了一封奇特的信，信中说，他有制造最轻便的桥的方法，可以用来追击敌人；他有建造最坚固的桥的方法，不怕敌人轰炸；在围城时，他能使河水干涸；有毁坏炮台基础的方法；能制造发射燃烧物的大炮；能制造架有大炮的装甲车；如果海战，能造抵御敌人炮火的军舰。他认为自己是一个出色的军事工程师。

　　达·芬奇的这番话并非吹牛。在他留下的 6 000 多页的手稿中就有各种各样的机械设计图。他设计过飞行器的图样，提出过坦克车的设想，讨论过机械的各种动力来源。他还得出永动机是不可能制成的正确结论，还制造了木制自行车、救生船、挖泥船、防守城墙的工具等。

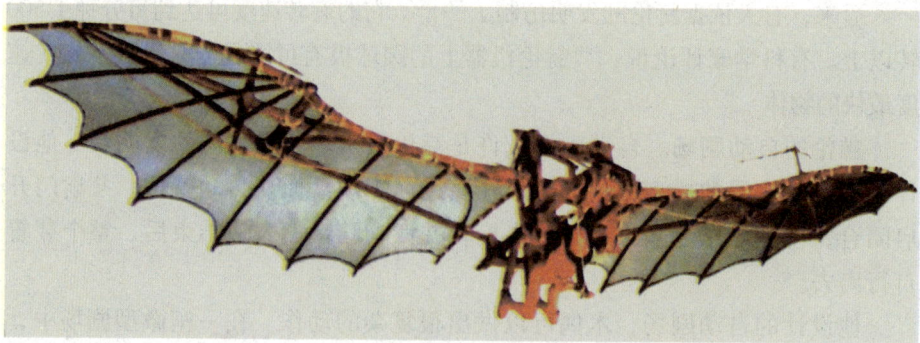

达·芬奇设计的飞行器

达·芬奇的木制自行车

最近，意大利一家公司根据达·芬奇留下的手稿，将这些机械复制了出来。这家公司设在二十世纪七八十年代的一座建筑里，挂着"达·芬奇科学与艺术展览筹备组"的牌子。

展厅里最惹人眼的是一辆木制自行车。它与现在的 24 英寸女式自行车十分相似。它除了链子是用金属制成的以外，其他部件都是木头的。因为在达·芬奇那个时代，还没有金属制造工艺，所以达·芬奇的想象，只能局限于用木头制造自行车，这可能是他当时的设计，没有能制造出来的原因。

达·芬奇的其他设计，如流动挖泥船、流动救生船、旋转浮桥、子母炮、飞行器、防守的城墙等，即使用今天的眼光来看，也是很实用的。

筷子是一种杠杆

著名物理学家李政道博士在日本接受采访时说到筷子，他说："如此简单的两根东西，却高妙绝伦地应用了物理学的杠杆原理。筷子是人类手指的延伸，手指能做的事，它都能做，且不怕高热，不怕寒冻，真是高明极了。比较起来，西方人大概到了十六七世纪才发明刀叉，但刀叉又怎么能

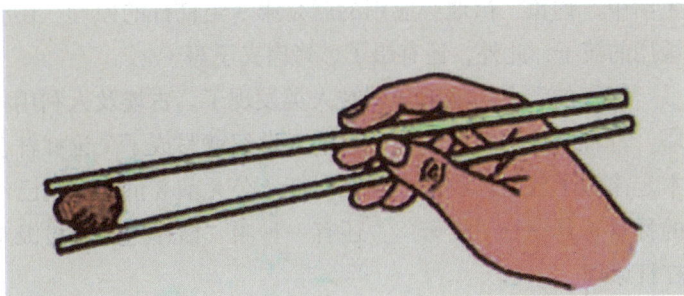

筷子也是杠杆

三类杠杆

跟筷子相比呢?"真是三句不离本行。我们一日三餐扒饭夹菜的筷子,竟还是我国古代的一项科技发明哩!

杠杆是一种简单的机械。一根结实的棍子(最好不会弯又非常轻),有一个支点和两个力点(动力点和阻力点),就组成了杠杆。

杠杆有以下三类。

第1类杠杆,支点在中间,两个力点在杠杆的两边。只要我们稍稍留意一下,就会发现我们身边的许多东西都应用了这类杠杆的原理。例如,我们平时玩的跷跷板、剪刀、钉锤、拔钉器、撬棒、天平、钳子等。这类杠杆的动力点离支点愈远愈省力。如果支点靠近动力点,可以增加杠杆摆动的距离,就像汽车的雨刷那样。

第2类杠杆,阻力点在中间,动力点和支点在两边。例如,我们在吃蟹或龙虾时要用的一种大夹子,将蟹或龙虾放在夹子中间,用力一按,夹子就会将蟹或龙虾的坚硬外壳压碎,你就可以吃到里面鲜美的蟹肉或虾肉。除此以外,还有开瓶器、榨汁器、胡桃钳、独轮手推车等,都是应用这种杠杆原理。这种杠杆的动力点一定要比阻力点距离支点远,这样才能省力。

第3类杠杆,动力点在中间,支点和阻力点在两边。例如,在我们的日常生活中,钓鱼、扫地等应用的就是第3类杠杆的原理。还有我们上面提到的吃饭用的筷子,此外,还有镊子、烤肉夹子等。

杠杆的省力功能很早就被人类发现了。古埃及人利用杠杆原理建造起金字塔。古希腊的阿基米德在公元前3世纪就写成了《论杠杆》一书,对杠杆的基本定律做了叙述。我国在春秋时期(公元前8世纪)就已经有了利用杠杆原理的称量工具——"权衡"。还有一种叫"桔槔"的农村汲水工具,也是应用了杠杆原理。

大力士千斤顶

有时候，我们会在路边看到一位驾驶员，从车厢里拿出一只圆柱状的工具，往汽车底下一放，然后用一根小铁棒，插入圆柱状工具上的一个手柄，上下摇动小铁棒，汽车就慢慢地被抬了起来。这个圆柱状的工具叫"液压千斤顶"。别小看这个小东西，它的力量可大呐。

液压千斤顶

4 000多吨重的上海音乐厅，只靠59只液压千斤顶，就从原来的地方搬到了70米外的新地方。

千斤顶哪来这么大的力量呢？

我们先讲一个故事。法国是一个盛产葡萄酒的国家。有一个农民，他家里酿造了许多葡萄酒。他想送给他的朋友一点酒。他朋友住在比他低30多米的山下，上下山很不方便。为了方便，他想用一根细管子将葡萄酒送到他朋友家中。一天，他将酒通过管子送往他朋友的家中，很快朋友家的酒桶灌满了葡萄酒，但随后盛酒的木桶被压碎了，葡萄酒流满了整个屋子。由此可见液体的压力有多大。我们再看看千斤顶，它是怎样产生这么大的力量的？

一只液压千斤顶有两个圆柱形容器，其中一个容器很粗，另一个容器很细。两个容器互相连通，里面充满了液体。小容器上有一只手柄，下面有一只活塞。按动手柄，容器里面的活塞就会上下移动。当手柄往上时，储油箱中的油就进入小容器中；手柄往下时，小容器中的活塞将油压入大容器中。推动里面的大活塞向上移动。由于大活塞的面积要比小活塞大，如果大1 000倍。那么，大

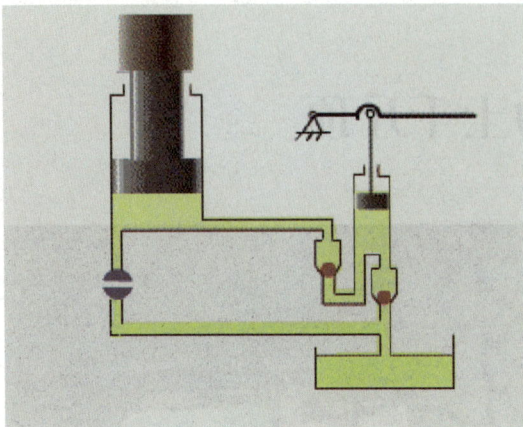
千斤顶原理图

活塞的向上推力将是小活塞的 1 000 倍。这就是有名的"帕斯卡原理"——在封闭容器中，液体的压力会按照原来的大小传递到液体表面的任何部分。大活塞受到的液体压力是与小活塞一样的，不同的是大活塞的面积要比小活塞大了 1 000 倍，因此，它向上的推力也被放大了 1 000 倍。一旦将千斤顶上的放油阀打开，让大活塞中的油流回储油箱中，这时候大力士千斤顶就休息了。

千斤顶的用途十分广泛，万吨水压机、挖隧道的盾钩、自升塔式起重机、飞机上的舵翼操纵系统等都是它大显身手的地方。

上海音乐厅"开步走"

2003 年 4 月 15 日上午 10 时，"落户"上海延安东路 72 年之久的上海音乐厅要开步"走"，离开它的"出生地"。

上海音乐厅原名南京大戏院，是建于 1930 年的一幢具有欧洲古典主义风格的建筑，也是上海第一家放映外国影片的戏院。

走进上海音乐厅的休息大厅，映入眼帘的是 16 根合抱的褐色大理石圆柱，气度不凡。音乐厅内的大理石立柱、汉白玉石阶、罗马式吊灯、镜框式舞台、包厢外侧的浮雕装饰以及观众厅里金碧辉煌的穹

上海音乐厅被整体抬起

顶，无不体现着西洋古典建筑风格。观众厅的构图复杂而不零乱，变化而又富有层次，色彩淡雅庄重，与其演绎的古典音乐有着惊人的统一。其自然音响之佳，既得到了建筑学专家的首肯，更受到了众多中外艺术家的认同。它被

上海音乐厅在新址安家

我国列为近代优秀建筑，属于文物保护范围。

近年来，随着城市的发展，上海音乐厅与周边环境越来越不协调。它的南面紧邻拥挤的居民区，北面则是上海市交通主干道之一的延安路高架桥，人来车往时的噪音常影响音乐厅里的交响乐演出。为此，需要将它整体向东南方向平移66.4米，同时还要将整个音乐厅来个180度旋转，使它由坐南朝北改为坐北朝南。

上海音乐厅占地1 300平方米，重达4 000吨，搬动这个庞然大物动用了几十台千斤顶。先用59台220吨（总动力达到1.28万吨左右）千斤顶将上海音乐厅整体抬起，前后用了一个半小时，才使它离开地面10厘米。然后，将它的整个基座转移到一个新建的、重达1 800吨的钢筋混凝土托盘上。用10台千斤顶，推着这个载着"体重"达5 650吨（包括保护钢架的重量）的音乐厅的托盘前进，平均每天"走"5米，最多的一天"走"了15米，前后花了15天时间，"走"完全程约70米的路程，来到它的新址。

在新址，又用了10天时间将它抬升至1.68米的高度，下面浇筑新的66根承重柱，与音乐厅原来的66根承重柱对接。届时，一座气势恢宏，折射历史光辉的音乐殿堂呈现在我们的面前。

轮子的发明

如今，真的难以想象，一个没有轮子的世界是什么样的。轮子是人类一项

轮子发明史

十分简单的发明，至今也不知道谁是它的发明人，但是，它对人类社会的影响是十分深刻的。

轮子是简单的一个圆。它没有棱角，可以均匀地滚动或转动。有了它，汽车就可以在公路、铁路和崎岖的地面上顺利地行走。其他许多机械也离不开轮子的滚动或转动，如起重机、发动机等都少不了轮子。

那么，这种神奇的轮子又是怎样被发明出来的呢？

2 000多年前，西汉初年的淮南王刘安写了一本名叫《淮南子》的书，书上说，我们的祖先"见飞蓬转而知为车"。"飞蓬"是一种草，其茎高有一尺左右，叶片很大，但根很浅。一有大风，它就很容易被吹起，随风旋转。古时候的人可能受了它的启发，发明了车轮和车轴。就像鲁班受锯齿草的启发发明了锯子一样。这种说法很可能是一个传说。

还有一种说法是，在轮子发明以前，人们只能用力推或拉重物，十分吃力。后来，人们看到石头从山上滚下来，就想到用滚动的方法来搬运重物。先是将树木垫在重物下，依靠树木的滚动来搬运沉重的石头。后来发明了用树木制成的实心轮子。

据说，最早的轮子并不是用在车子上，而是用在制作陶器上，制陶的陶轮是轮子的先驱，后来才有了装轮子的车子。

我国使用轮子的历史很悠久。传说在轩辕黄帝时，就有把木头插在圆轮子中央，使它运转的车辆。大约在3 500~4 500年前，我国就已经出现了第一辆车子。在一本叫《左传》的古代书籍中提到，车是夏代初年奚仲发明的，

轮子

如果记载属实，那是 4 000 年前的事情。考古学家在殷墟（距今 3 000 多年前）中发现了殉葬用的车子，当时的车子由车厢、车辕和两个轮子构成，已经是比较成熟的交通工具了。在另一本古书《考工记》里也有轮子是车子的开端的说法。发明了轮子，再造车厢，才有完整的车子。在这本书中，还记载了怎样检查轮子好坏的办法。把轮子放在水中，看它沉到水面以下的部分是否平正。如果发现哪一方面有偏侧，就表示轮子的四周有轻重不一的地方。可见，那时轮在我国应用已经是十分普遍的了。

最初的轮子就是一块圆形的木头，是用横断的树干做成的。轮子不是在轴上旋转，而是固定在轴上。车轴安放在特制的

陶轮

木框内，或者是穿在车底上的环孔里，一对轮子同时一起转动。后来，轮子不是固定在轴上了，而是轮子在轴上转动。为了减轻轮子的重量，出现了有轮辐的轮子。它比实心轮子轻便，转得更快。

到了现代，轮子除了被用在交通工具的车轮外，还出现在齿轮、飞轮等各种机械上。

水往高处流

阿基米德来到了世界著名的学术中心亚历山大后，一天，他和同学们乘着木船，从尼罗河顺流而下，在浏览着尼罗河两岸美丽风光的时候，看到河边的农民手提肩挑，吃力地拎水浇地，让他感触十分深刻。原来，尼罗河的河床很低，而要灌溉的农田地势又很高，当时，没有抽水的工具，只能靠人力来提水，十分辛苦。

回到学校后，阿基米德一直在想，能不能发明一样东西让水往高处流。这

阿基米德螺旋扬水器

样农民就不用下到尼罗河中去提水了。经过一个多星期的冥思苦想，他画出了一张草图。他找到了一个木匠，要他按照草图把这件东西做出来。这个聪明的木匠没过几天就把这件东西做了出来。

阿基米德将它的一头放在河水里，另一头搁在岸上，用一只手柄轻轻地朝着一个方向摇动，只见河水被咕噜咕噜地引到了岸上。真的"水往高处流"了！附近的农民争相观看阿基米德的发明，有了这件东西，他们再也不用下河去提水了。农民高兴得把阿基米德抛了起来。

这个东西就是"阿基米德螺旋扬水器"。后来，它被传到了外国，现在有的地方还在使用阿基米德螺旋扬水器，可见它的影响是多么深远。

阿基米德是最早对螺旋进行深入研究的学者，并把它应用在扬水工具上。但是，在自然界中，早已存在着各种各样的螺旋，在我们身边随处可见。例如，花园里种植的一些攀藤植物，它们会呈螺旋形生长。还有许多植物的茎、皮和子实都会显示出奇特的螺旋形。向日葵的种子就是按螺旋形排列的。

地球上最壮观的螺旋就是最不受人欢迎的飓风。飓风呈典型的螺旋形，可以蔓延数百千米，再加上200多千米的时速，其毁灭能力相当于10万颗原子弹。

人们受到了自然界的启发，将螺旋应用在人们的日常生活中，成为一种简单的机械。螺旋通常是一种带有螺纹的装置，一般有两个，由阴、阳

螺旋泵

两种螺纹的部件组成。它们可以通过一个旋转使两者发生相对轴向移动。我们常见到的螺钉、螺栓、螺母等都是螺旋。今天，螺旋已成为常见的、用途广泛的基本机械零件。

"永动机"的梦想

从古至今，总有一些人会天真地幻想，要是有一种不停地干活，又不需要任何燃料的机器该多好！人类幻想的这种机器就叫做"永动机"。

不久前，在一个地方就冒出了一项"发明"，据说是攻克了"永动机"这一世界尖端科学，后来被人戳穿，"发明人"只得鼠窜而去。

历史上，也曾有人用"永动机"设下骗局，骗取大把钱财。其中最有名的是一个名叫奥尔菲留斯的德国博士。在200多年前，他自称发明了一个"永动机"自动轮。这个轮子不但能自己转动，而且可以将重物提起。1717年，波兰国王得知这一消息，就把这位博士请到了波兰。奥尔菲留斯将他的"永动机"安装在一间隔离的房子里，并转动这个轮子，然后有一个叫格森·卡赛尔斯基的州长亲自将房门锁上，加上封条。外面还加派了两名士兵日夜看守。两周以后，州长亲自启封开锁，看到轮子仍在转动，于是再次上锁贴上封条。又过了39天，再次开封，轮子仍在转动。州长下令再将它封闭了两个月，第3次开启房门，轮子仍然在转动。这位州长就给奥尔菲留斯颁发了鉴定证书，证明他的"永动机"每分钟可以转50转，能把16千克的重物提升1.5米。从此，奥尔菲留斯周游欧洲，到处展出，赚了许多钱。

后来，消息传到了俄国，引起了彼得大帝的兴趣，他想要购买这台机器，奥尔菲留斯开价10万卢布！由

"自动轮"的秘密

于彼得大帝的去世，这笔买卖才没有做成。

难道真的有违背基本的科学原理——物质守恒和能量守恒原理的"永动机"吗？纸是包不住火的，骗人的把戏迟早会被人拆穿。果然，过了不久，奥尔菲留斯家的女佣人揭穿了其中的奥秘。原来，奥尔菲留斯的弟弟和他的女佣人躲在一个别人看不见的地方，牵动一根绕在轮轴上的绳子来拉动轮子，使它不停地转动。事后，他们还公布了一张图，让人们一看就会明白。

在我国，科学研究的权威机构中国科学院曾在有关刊物上明确宣布"永动机"是不可能的，希望人们不要再相信类似的谎言。

五花八门的 "永动机"

几百年来，一直有人梦想发明永动机，涌现出了各种各样、五花八门的"永动机"。在 19 世纪下半叶，英国的一名工程师，为了告诫人们不要再干这种徒劳无益的傻事，收集了历史上各种永动机，有自转水车、永动摆、磁动机、不断冷凝和汽化的液压设备、单靠浮木的浮力或不同比重液体混合使用的皮带转动装置等，并据此写了一本书。但是，这并没有能阻止那些想发明"永动机"的人的"热情"。在此之后，仅英国批准的"永动机"专利就多达 600 项。但由于它们违背了自然规律，所以至今没有人成功过。下面介绍几种历史上曾出现过的"永动机"。

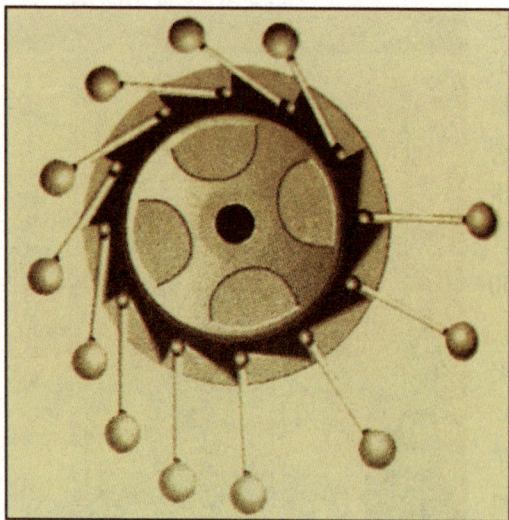

自转轮

16 世纪，意大利人设计了一个永动机，先在上面的水槽里装满水，从上冲下来的水转动一个水轮，水轮再带动一块磨刀石工作。同时，另外一组齿轮带动螺旋吸水器，把水提升到上面的水槽里，源源不断地补充水槽里的

水，整个装置就会不停地转动下去。

17世纪，英国的伍斯特市有一位名叫马奎斯的人，他制造了一台自转轮。这台自转轮的结构十分简单，轮子的直径有1.5米，在轮子中央有40条轮辐，在轮辐之间放置一枚钢球，一共有40个钢球，每个钢球重大约25千克，在重力的作用下，钢珠会在轮辐中间滚动，使轮子自己转动起来。其实，这种设计在中世纪就已经有了。只不过是在一只轮子的边缘上装许多活动的短杆，在短杆的一端吊上一块重物。在重力的作用下，重物总要向下，这样就能使轮子转动起来。

还有一种依靠浮力的水力"永动机"。这是一个高20米、里面装满水的高塔，在塔的两头各装一个滚轮，滚轮上绕一条牢固的绳索，就像一条传送带。在绳索上吊有14只密封的空箱子，箱子的边长为1米。在浮力的作用下，将空箱子往上推动。塔外的几只空箱子在重力的作用下，往下移动。这样绳索就会不停地上下转动。但实际上，这绳索根本不会转动。更不要说让它"永动"了。因为水的阻力与它的浮力正好相平衡。

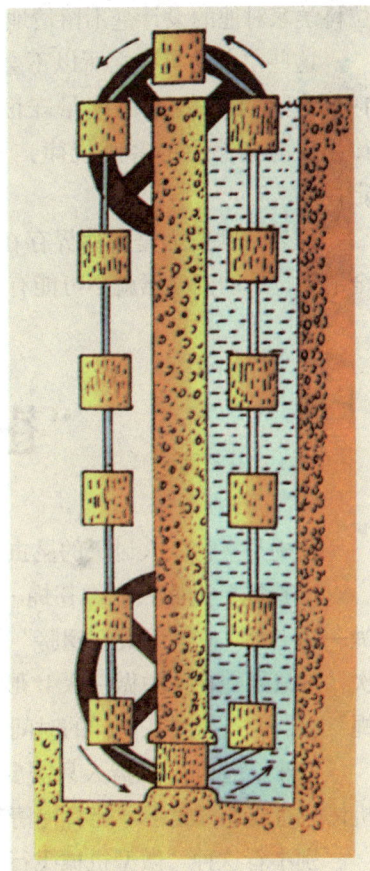

水力永动机

有人设计了一种风动摩托车的"永动机"。在摩托车的行李架上安装一部空气压缩机，先供给一些能量让空气压缩机压缩空气，然后利用压缩空气来开动风动摩托车，再用摩托车的后轮通过链条带动空气压缩机压缩空气，压缩空气又可继续开动风动摩托车。这样风动摩托车就会一直不停地开下去。

但是，设计这种风动摩托车的人，忽略了机械的摩擦力会消耗掉部分能量，使风动摩托车不能一直运转下去。

20世纪70年代，美国有个叫约翰逊的人，他搞了一台"磁力永动机"，居然在1979年申请到了专利。这台"磁力永动机"是在一条滑道上放置一块强磁铁，滑道另一端的钢珠就会被它吸引过来，然后让钢珠回到原来的地方。一位科学家对他的设计毫不留情地批评道"全然是胡说八道"。

这些"永动机"之所以不会成功，因为它们都违背了物理学的基本原理。19世纪上半叶发现的能量守恒和转化定律是一项重大的发现。能量守恒定律是支配自然界的客观规律，无论发生什么样的变化，都必须遵守能量守恒定律。

另外，摩擦力是自然界存在的一种真实的力。它只能减少，永远也无法完全消除，永动机自然就不可能有了。

"苍蝇"机器人

苍蝇是一种令人讨厌的昆虫，但是，科学家对它产生了兴趣。

"苍蝇"机器人能像苍蝇一样不停地拍打翅膀，发出嗡嗡的叫声，并像苍蝇一样飞行。它的薄翼"翅膀"依靠3套不同的机械装置在1秒内可以拍打200次。一只果蝇在空中做一次U形飞行要花40毫秒，拍打8次翅膀，而这种"苍蝇"机器人只需要在同样的时间内拍打5次翅膀就够了。

一个"苍蝇"机器人只需要一枚1角硬币大小的原材料，它的不锈钢折叠机体只有在显微镜下才能看得清楚，上面安装有机翼。

别小看这种"微型机械飞行虫"的小机器人，它们的本事可很大呢！

"苍蝇"机器人

在军事上，这种机器人可以用来执行侦察和间谍任务，秘密潜入敌军内部，用各种传感器获取重要的军事情报，还可代替士兵和警犬进行巡逻。

在工业上，这种机器人可以进行安全监控，防止化学物质泄漏，还可以飞进飞机的发动机中，进行精细的检查和维修，或进入核反应

堆内清洗管道、修补裂缝，甚至可以长期驻守在里面进行定期检查维修。

在农业上，这种机器人可以捕捉害虫，使农作物获得丰收。它还可以在田野上空监控农作物的生长情况，当农作物需要灌溉时，它可以降落在阀门上，开启阀门进行灌溉。

在通信方面，它可以爬入电缆中检查电路，一旦发现有断头，便使用自己的前后"腿"搭接在断开的电缆上，使线路保持畅通。

在航空航天方面，它们可以到火星上去探测火星表面，并采集标本带回地球。

这种"微型机械飞行虫"将在未来各种行业中大显身手，并使机械科学发生一场革命。

自然设计师

在美国马萨诸塞州那罕半岛的美国东北大学海洋科学中心里，透过一扇长方形的窗户，人们可以看到水槽里的一只"大龙虾"，只见它在槽底的沙石中挣扎地前进，想要跨过一些小石块，不料"龙虾"有只脚突然有枚螺丝松脱，"龙虾"也跟着垮了下来。原来这只"龙虾"不是真的龙虾，而是以强力塑料、合金及电池制成的机器龙虾。

尽管现在的新技术层出不穷，但是，在许多领域中，人类的技术还远远落后于自然界。例如，没有哪种照相机能比得上人眼的尽善尽美；没有哪种发动机能像肌肉那样安静和高效；任何声纳都无法与蝙蝠或海豚的超声波媲美；任何人造材料都没有血管那样好的弹性……大自然是最好的设计师，人类需要向大自然学习的地方实在太多了。机械龙虾就是人类向龙虾学习的一种仿生机械。科学家想利用它搜寻在浅水区或埋在沙滩下的

机器蝴蝶

"蜘蛛"机器人

地雷。

还有一种仿生蛇，它由16个关节组成，每个关节都可以活动，它可以像蛇一样做游动前进、后退、抬头等动作。这种仿生蛇可以在灾难事故现场参加救助活动。在攀岩、钻洞以及建筑物倒塌的瓦砾堆中寻找幸存者，完成救援人员难以开展的救助活动。它还可以做得很小很小，像孙悟空钻到牛魔王的肚子里一样，帮助医生在人体内进行检查或手术治疗。有一位科学家将一条直径小于2.5厘米的仿生机械蛇塞进一只活猪的小腹中，进行了试验。

目前已有各式各样的仿生机械，例如，苍蝇、蜘蛛、蜜蜂、壁虎、鱼、狗、驴等，它们有非常远大的应用前景。

机器驴可以帮士兵携带装备，让士兵能够徒手长途行军；机器狗则可以代替士兵深入险地，甚至舍身救主。当士兵知道附近有狙击手埋伏时，可以让机器狗当诱饵，藉以发现狙击手的藏身之处。

电磁的奥秘

公元前 2750 年，古埃及人就已经知道有一种会发电的鱼，它叫电鳐，被称为是尼罗河其他鱼的保护者。大约 2 500 年后，希腊、罗马、阿拉伯等地的医生建议患有痛风或头疼一类疾病的人去触摸电鳐，通过电鳐产生的强力电击来治疗他们的疾病。在古希腊及地中海的古老文明中，人们很早就知道用琥珀棒与猫毛摩擦后，产生的静电会吸引羽毛一类的物质。17 世纪后，科学家对电磁进行了一系列研究，奠定了电磁学的整个理论体系，发展了对现代文明起重大影响的电工和电子技术，深刻地影响到人们认识物质世界。

伽伐尼的 "青蛙实验"

　　1786 年 9 月的一天早晨，在伽伐尼家的厨房里发生了一件有趣的事情。伽伐尼是意大利波伦亚大学著名的解剖学教授。这天，他想帮助妻子柳契雅用青蛙腿做一道菜肴。他将青蛙剖杀后，用铜钩子将剥去皮的青蛙挂在厨房外面阳台的铁栏杆上。当铜钩一碰到铁栏杆，蛙腿就会收缩一下。开始，伽伐尼并不在意，以为是微风吹动了蛙腿。接连几只青蛙都是这样，这才引起了他的注意。

　　伽伐尼是一位善于观察生活和富有探索精神的学者。他将铜钩从铁栏杆上取下来，收缩的蛙腿重新垂了下来不动了。他想再试试看，重新又将铜钩挂到铁栏杆上去，蛙腿

意大利解剖学家伽伐尼

又和刚才一样，重新收缩和颤抖起来。这时，他立即带着蛙腿奔向自己的实验室，完全忘记了给妻子做蛙腿菜肴这件事。

　　伽伐尼是一位严谨的科学家。为了弄清这个现象的原因，他选择了不同的条件和不同的天气进行了上百次实验，连续观察六年之久。起初，他用钢丝与铁窗相连，在雨天和晴天做实验，发现无论晴天还是雨天，青蛙的腿都会发生收缩和颤抖。开始，他认为这是 "大气电" 的作用。但是后来，他在一间密闭的房间里，将青蛙放在铁板上，用钢丝去触它，结果也像以前一样，蛙腿发生了收缩和颤抖，这就排除了外来电的可能。以后，他又用各种不同的物体做实验，但是，当用玻璃、橡胶、松香、石头和干木头等代替金属导体时，这种现象就不会发生。

这时，伽伐尼才下了结论：在动物体内存在着某种电，两种金属导体只不过起到了传导作用。他把这种电称为"动物电"，并且在波伦亚大学 1791—1792 年的《工作纪要》上公开发表。这个发现和他的猜测立即在当时的生理学和物理学界产生很大的轰动。

伽伐尼的青蛙实验

由伽伐尼发现的生物电，引起了全世界科学家的注意，通过各种各样的实验，科学家还发现许多动物，甚至植物中都存在生物电。伽伐尼的"青蛙实验"成了科学史上的一项经典实验。

伏打发明电池的故事

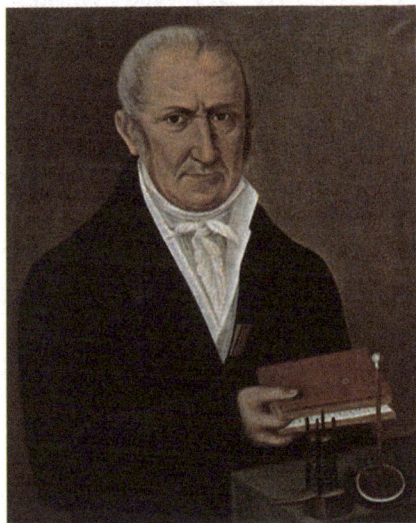

意大利物理学家伏打

伏打是意大利帕维亚大学的物理学教授。一天，他正在阅读一本关于他的同胞意大利波伦亚大学解剖学教授伽伐尼的青蛙实验的书。虽然，这已是十年前的事了，但是，他仍对此十分感兴趣。

他一边看书，一边思考。伽伐尼的实验，他自己也重复做过，与书中写的一样。但是，他反对伽伐尼认为电是来自动物内部的解释。伏打曾经试过，将两根不同金属的导线焊接在一起，导线的一端放进嘴里，另一端与眼睛的上方接触。瞬间，眼睛前仿佛有光亮闪烁的感觉。如果把一枚银圆和一枚铜钱夹放在舌头的上、下两面，

伏打在演示实验

再用一根导线将它们连接起来，舌头上会感到有点麻木和酸味。这些"光亮"或"酸味"，都是由于电刺激了神经而产生的反应。那么，这里的电又是从哪里来的呢？实验中没有动物的肌体，电的来源只能来自两种不同金属的接触。伏打经过七年的研究，用各种金属做实验，结果得出了著名的伏打序列：锌、锡、铅、铜、银、金……

只要将这个序列里前面的金属与后面的金属相接触，前者就带正电，后者就带负电，序列中的两种金属相距越远，各自所带的电就越多。

　　1800 年 6 月 26 日，在伦敦皇家学会的演讲大厅里，他用 17 枚银币和 17 块锌片相互叠放起来，银币与锌片之间隔一层浸透了盐水的马粪纸。34 枚银币和锌片叠起来足足有几十厘米高，然后在两端引出两根导线。当把两根引线的端点靠近时，出现了噼啪的声音和火花，真的有电了。伏打制成了著名的伏打电

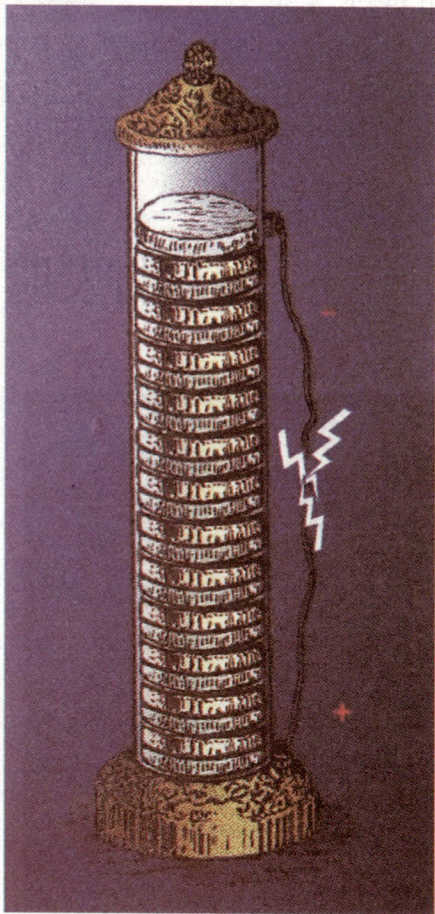

伏打电池堆

池堆。1801年10月，伏打接受法国科学院的邀请到巴黎进行演示。在这次演讲中伏打受到了拿破仑的接见，并被授予一枚金质奖章。

伏打的发明，使人类对电的认识产生了一个飞跃，跳出了"静电"的领域，从此人类有了稳定的电源。

沉睡了100多年的科学猜测

1938年，在英国皇家学会的档案馆里，人们发现了一封已经沉睡了100多年的信。它是1832年由英国著名科学家法拉第留下的。信封上写着："现在应当收藏在皇家学会的档案馆里的一些新的观点"。在这封信里，法拉第提出了一个重要的科学猜测：电磁作用可能以波的形式传播，而且光可能就是一种电磁波动。

不知出于什么原因，后来法拉第没有对自己提出的猜测作进一步的研究，这封信一直没有被人拆封过，也无人知晓他的这一科学猜测，被埋没在皇家学会的档案馆里。但是，在法拉第写这封信后30年，一位年仅31岁的英国科学家麦克斯韦在理论上证实了法拉第提出的科学猜测。1864年，他在一篇论文中提出了电磁波的概念，并推算出电磁波的传播速度与光速十分接近，猜测光与电磁现象有着内在的联系，明确提出了光的电磁理论。这时法拉第已是73岁的老人了。法拉第曾对麦克斯韦说："我不认为自己的学说一定是真理，但你是真正理解它的人。"法拉第十分赞赏麦克斯韦创立的电磁理论。

英国物理学家麦克斯韦曾被英国广播公司称为近1 000年来最伟大的十位思想家之一，是一位超越时代的物理学家。

1831年1月3日，麦克斯韦生于英

麦克斯韦

国苏格兰格林列依城的一个律师家中。1847 年，麦克斯韦毕业于爱丁堡大学，后来在英国剑桥大学获得博士学位。他从小就十分喜爱数学，15 岁时就写了第一篇数学论文。他毕业后，先后在剑桥大学、阿贝丁大学和伦敦皇家学院教授物理学。

麦克斯韦毕业后不久，读到了法拉第《电学实验的研究》的论文，使他产生了极大的兴趣。当时，许多物理学家都不同意法拉第的观点。但是年轻的麦克斯韦十分赞同法拉第的观点，悟出了法拉第思想的宝贵价值，他决定用数学弥补法拉第在表述上的不足。

后来，麦克斯韦不仅证明了电磁波的存在，还证明了电磁波的速度与光波相一致。麦克斯韦把光学和电磁学统一起来了，这是 19 世纪科学史上最伟大的综合之一。

今天看来，在 19 世纪末，还没有一种理论所起的作用能比得上电磁理论对人类社会生活产生的巨大影响。在电磁理论建立后，人类生活中出现了电报、电灯、电话、收音机、雷达、电视机，这一切都是电磁理论的产物，是人类智能的结晶。可以说，电磁理论的形成和应用使人类进入了电气化时代。20 世纪，计算机的发展也依赖于电磁理论。今天，人类已经进入了信息化时代，信息的传递更是离不开电磁波。

赫兹

自麦克斯韦创立电磁理论后，他非常希望看到他的理论能被实验所证实，可是，1879 年 11 月 5 日，年仅 49 岁的麦克斯韦因肺病不幸去世了。

1888 年 1 月，德国科学家赫兹用实验方法证实了电磁波的存在，具有与光完全类似的特性，电磁波的传播速度与光速相同。法拉第的科学猜测经历了长达 50 多年的科学研究，最终被证实了。从此有了一门新的科学理论——电磁波理论。现在，电磁波理论已被广泛地应用于通信技术等领域。

十年磨一剑

    1820年的一天，在哥本哈根大学的实验室里，奥斯特教授正在给学生讲课。他是一位喜欢做实验的物理学教授。他每次给学生讲课，总要给学生做一些实验演示。今天也和往日一样，在讲课结束后，他做了一个热和电现象相互联系的实验。

    他让助手将一根很细的白金导线接在一组伽伐尼电池上，当电流通过白金导线时，白金导线被电流烧得通红。这时悬挂在白金导线旁边的一根磁针改变了原来的位置，他起初认为这是磁针受了温度的影响，偏离了原来的位置。

    后来，他的助手换了一根比较粗的导线，通电后导线不再发红，但磁针依然会

丹麦物理学家奥斯特

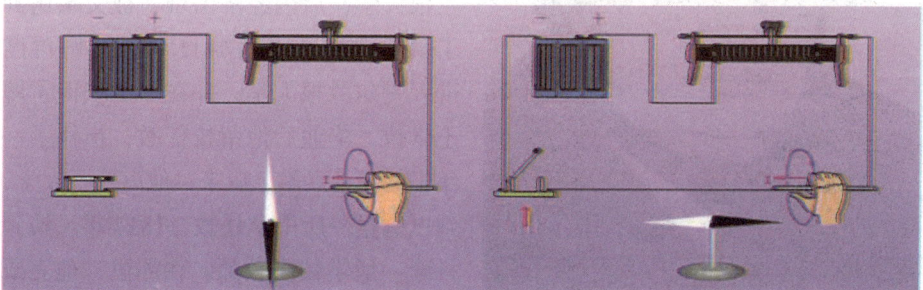

偏离原来的位置，这才引起了他的注意。他想起了早在1807年曾想到过的电和磁之间存在某种联系。

    第二天午后，他来到实验室，想看看昨天在课堂上做的实验。今天，他准备了一个可以作平面转动的磁针，将一根导线安放在磁针的下面，与磁针平行。

奥斯特的电流的磁作用实验

当导线通电后，磁针与昨天一样发生了偏转，并在一个新的方向上停了下来。

在实验室里，奥斯特重复地做着这个实验，将导线放在上、下、侧面以及不同距离与方向上，结果都一样，磁针都会发生偏转，将磁针放在水中的铜笔盒里，这种变化仍然没有改变。

尽管这些实验进行了一个通宵，但是，奥斯特一点倦意都没有。他思考了十年的问题终于在今天找到了答案。他发现了电流的磁作用。

1820 年 7 月 21 日，他把实验结果写成了《关于电流对磁针的作用的实验》，并把论文发表出来。奥斯特的发现，为电的应用开辟了一个新的领域。

迟到的奖章

1841 年的一天，德国纽伦堡理工学院的物理学教授欧姆在咖啡馆里刚刚喝完一杯摩塞尔啤酒，从一名邮递员手中接过一封从英国寄来的信。他不知所措地翻弄着这封来信。这是一封寄自英国伦敦皇家学会的信。

他打开来信一看，信的内容是赞扬他 14 年前做出的科学发现。英国伦敦皇家学会授予他科普利奖章，并选他为皇家学会的外国会员。他发现的欧姆定律终于被科学界承认了，他已等待了 14 年。

1789 年，欧姆出生于德国爱尔兰根的一个钳工家庭。1805 年，他考入爱尔兰根大学，后因经济困难，被父亲送到了瑞士农村。直到 1811 年，欧姆再度进入爱尔兰根大学，并在那里获得了博士学位。毕业后他留校任教，担任了一年半的无薪助教。后来，他离开了大学，到巴姆堡一所中学任教，1817 年又转到科隆一所学校当教师。在那里，他完成了一系列的重要发明，其中最重要的是

德国物理学教授欧姆

发现了欧姆定律。

1826 年，他发表了一篇名为《金属导电定律的定义》的论文，提出了电流与电压成正比，与导体的大小和性质所决定的量值成反比。后来人们将它称之为"欧姆定律"。

但在当时，他的这一发现长期不被学术界接受，并遭到许多物理学家的怀疑和尖锐的批评。这一点使欧姆十分伤心。他一直想到条件比较好的大学去执教，都未能如愿。

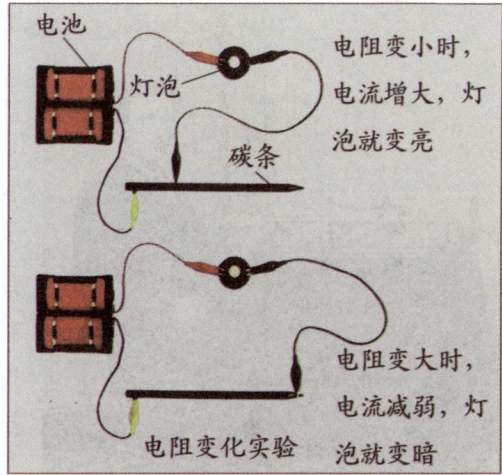

电阻变化实验

直到 1833 年，他才获得纽伦堡理工学院的物理学教授的职务。

1841 年，英国伦敦皇家学会授予欧姆科普利奖章后，这才引起了德国政府和科学界的关注。1845 年，欧姆被正式选为科学院院士。1849 年 11 月 23 日，欧姆被调到慕尼黑主持科学院物理学术委员会的工作，并担任慕尼黑大学物理学教授。但这一年欧姆已经 60 岁了，仅仅过了 5 年，他就去世了。

后来，为了纪念欧姆在电学上的贡献，在巴黎召开的第一届国际电气工程师会议上，决定将电阻的实用单位命名为"欧姆"。他发现的定律，被称为"欧姆定律"。

电流大战

自从 1832 年在巴黎的博览会上展出了世界上第一台发电机以后，电的实际应用时代终于来到了。

1856 年，商用发电机开始向用户供电。最初，向用户供电的是一种直流电。但随着用户的增加，直流供电的缺点就显露出来了。由于直流电的电压不能通过变压器变换，不能用很高的电压来供电，因此线路上电流的损耗很大，不能将直流电送到很远的地方去。爱迪生是直流输电系统的发明人，他坚持要采用

美国发明家爱迪生

直流输电方法。

这时，有一位塞尔维亚工程师特斯拉向爱迪生发出了挑战，他提出要用交流电供电。于是，在19世纪末，爆发了一场直流电与交流电的大战。

当爱迪生获悉特斯拉在交流供电取得成功以后，他在众多记者面前，将一块铁板和一台电压高达1000伏的交流发电机相连，然后把一只小猫或小狗放在铁板上，小猫或小狗顷刻死亡，以示高压交流电有致命的危险。特斯拉也不甘示弱，在一次展览会上，他从一台发电机上引出两根长长的绝缘导线，在自己身上绕了十几道。然后，将导线连到一长串灯泡上。随着他一声"开闸"，一长串灯泡顷刻大放光明。特斯拉站在灯光之中不断地微笑，向大家挥手示意，证明交流电是十分安全的。

1893年1月，在芝加哥世界博览会开幕的一天，9万多盏由特斯拉的交流电点亮的电灯照亮了整个会场，特斯拉打败了爱迪生。

1895年，在尼亚加拉大瀑布建成了世界上第一座水力发电站，由3台特斯拉的交流发电机发出的交流电被输送到35千米以外的布法罗市。

这一事件正式宣告了交流电彻底战胜了直流电。一场电流大战就此结束。

发明家特斯拉

变磁力为电力

1831年8月29日的早晨，法拉第像往常一样来到实验室。今天对法拉第来说是一个重要的日子，他要进行一项已经思考了10年的实验——变磁力为电力。

早在10年前，法拉第就发现在通电导线周围显示出磁性，那么，如果电流能产生磁的话，电磁是否也能产生电呢？也就是"能不能将磁力变为电力"。他将"变磁力为电力"6个字写在了他的笔记本上整整10年。法拉第一直希望能在实验中证实自己的猜想，但是，不知重复了多少次试验，这个猜想都没能被证实。法拉第认为自己这个猜想是有根据的，10年来，他一直有一个要证实它的强烈愿望。

法拉第

今天，他一到实验室就对他的助手安德森说："我们再来试试吧。"安德森在一个圆环上绕了几匝导线，导线的一端与电池相连，导线的另一端连在了开关上，开关与电池相连，组成一个回路。

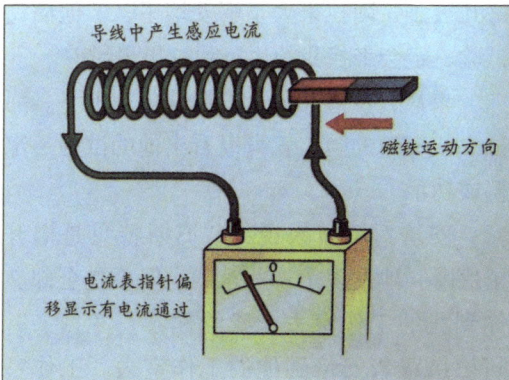

接着，法拉第吩咐安德森将一根电阻丝绕到圆环上，成为第二个回路。紧接着，安德森又用蜡纸将第一个回路包裹好，以免两个回路相互之间发生接触。

"现在注意！将第二回路的两端靠近。用开关闭合和切断第一回路。"法拉第告诉安德森说。

这时，安德森兴奋地喊道"有了，有了！""什么有了，有了？"

导线中产生感应电流

磁铁运动方向

电流表指针偏移显示有电流通过

电磁感应原理

原来，安德森见到了火花："有火花了，有火花了！"安德森急切地告诉法拉第。

法拉第赶紧过来观看。第一回路每次一合一断，总会在第二回路的两端蹦出火花来。

这些火花无疑是由感应电产生的，十年来的猜想终于得到了证实。法拉第露出了幸福的笑容。

电磁感应现象被发现，是法拉第科学研究中的一项重大发现。它为人类社会日后进入电气化时代奠定了基础。

第一块电磁铁的发明

1820年，法国物理学家阿拉果在瑞士听到丹麦物理学家奥斯特发现电流磁效应的消息，迅速从瑞士回到了法国。第二天阿拉果就向法国科学院报告了奥斯特的这一最新发现，结果在法国科学家中引起了很大反响。其中，在科学上极为敏感、最能接受他人成果的安培于第二天就重复了奥斯特的实验。

邮票上的法国物理学家阿拉果

过了几天，阿拉果去看望安培。他几次敲安培家的门，都没有回应。但安培工作室的灯光依然彻夜不熄，安培关在里面已经有好几天了。阿拉果太了解安培了，"他搞完试验一定会来找我的！"阿拉果思忖着。

果然，没过几天，安培就来找他了。阿拉果从安培的脸上就可以看出他的试验一定搞成功了。

安培对阿拉果说："奥斯特只是揭开了序幕，他发现了一些东西，但不是全部。你到我的工作室去，我给你看点东西。"阿拉果跟着安培到他的工作室去。工作室的桌子上放着各式各样的实验仪器。安培

用这些仪器给阿拉果演示了起来。"你看，这个磁针停在那里一动也不动。我在磁针的上方架一根导线，磁针仍然不会动。"

当安培合上了连接导线的开关，在导线上开始有电流通过时，磁针也开始轻轻地摆动起来，接着在偏向导线的位置上停了下来。

"这就是奥斯特的发现，电流作用于磁针，使它从原来的位置上移开。"

安培问阿拉果："如果两块磁石，让它们南极的一端相互靠近，那会怎样？"

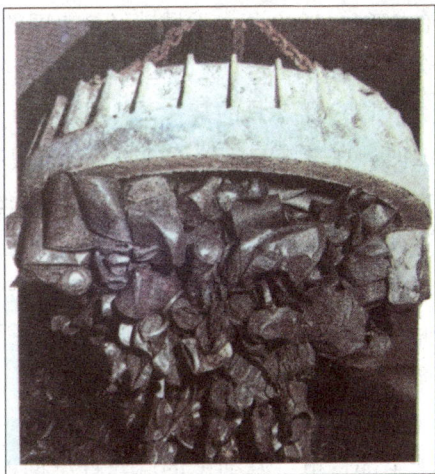

电磁铁

阿拉果不假思索地回答说："互相排斥。"

"反之如何？""当然是相互吸引了。"

"好！"安培马上演示起来。他将一个线圈通上电，又将手中的一块棱形磁石靠近线圈的一端，结果磁石吸着线圈。他将磁石反转过来，再去靠近线圈，结果出现两者相斥。

阿拉果惊奇地发现，通电的线圈同磁石一样也成了磁石。阿拉果想自己试验一下。忽然，他的脑中又冒出了一个奇怪的念头。他问安培："有没有铁棒。"安培随手递给他一把圆锉。阿拉果卸下了圆锉上的木柄，然后将它插入线圈内，再让线圈通上电，桌上的铁钉和其他的金属碎屑都被圆锉吸了起来。他又将线圈的电流切断，吸附在圆锉上的小钉和金属碎屑又重新落在了桌子上。他重复了几次，都是一样的结果。

站在一旁的安培惊奇地盯着他的试验，"你在做什么？"

阿拉果回答他："人造磁石，带电的磁铁——电磁铁。"

"费城实验"

费城是美国第五大城市，位于美国第一大城市纽约及美国首府华盛顿之间。

在 1791—1800 年，费城曾经是美国的首都。1876 年，费城举办过一次世界博览会。在世界科学史上，这里还有过一次著名的"费城实验"。

1752 年 7 月的某一天，那是一个阴霾密布的夏日，在一场大雷雨即将来临之时，在费城的一处荒郊野外，只见一个中年男子和一个青年人正在放飞一只大风筝。风筝的顶端还安装了一根铁丝，在风筝下面的麻绳上系着一把铜钥匙。这两个人，一个是科学家富兰克林，另一个是他的小儿子威廉。两人正冒着生命危险进行一项科学实验：用风筝把雷电收集到莱顿瓶中（莱顿瓶是一种用来储存电能的容器。它在莱顿城制成，所以被称为"莱顿瓶"）。这就是著名的"费城实验"。

当带雷电的云来到风筝上面时，它通过风筝上的尖细铁丝，使风筝和绳子全部带电，麻绳上的麻丝纤维向四周竖立了起来，可以被靠近它的手指所吸引。当雷雨打湿了风筝和麻绳后，雷电可以自由传导。这时可以发现雷电从钥匙向人的指尖流过。这个钥匙可以使莱顿瓶充电，还可以点燃酒精，也可以进行其他的电气实验，像平常用摩擦玻璃球或玻璃棒来做的电气实验一样。"费城实验"证实了雷电既不是什么"上帝之火"，也不是什么"毒气爆炸"，而是自然界一种大规模的放电现象。消息传开后，引发了世界性的轰动效应。

1706 年 1 月 17 日，富兰克林出生于北美波士顿城。他的父亲是个虔诚的新教徒，是一个英国移民。到美国后，他开了一家小作坊，制造和销售肥皂、蜡烛。富兰克林从小聪明好学，但由于家庭贫困，只读过两年书。12 岁时，他就到印刷厂当学徒，这使他有与书接触的机会。他非常勤奋好学，进步很快。富兰克林常常说："千万不要浪费时间，因为生命是由时间组成的。"又说："经常使用的钥匙是锃亮的。"他一生对电学做出了许多重要的贡献。

一次，他的一位英国朋友柯林生给他寄来了一只经过改进的莱顿瓶，并在信中介绍了使用方法。他用莱顿瓶做了大量的电学实验，总结出了电的单流体

捕获雷电的人——富兰克林

说，把法国科学家杜飞提出的玻璃电和琥珀电，改为正电和负电，便于后人研究电现象。在"费城实验"中，富兰克林还发明了避雷针，保护建筑物不再受到雷击。

为了纪念这位杰出的科学家，在费城有一座富兰克林纪念馆，并将一条宽阔的林荫大道和一座科技馆命名为富兰克林大街和富兰克林科技馆。

"沃森先生，过来——我等你"

这是用电话送出的第一句话。1876年2月，贝尔用他试验成功的、世界上第一部可供实用的电话，与他的助手沃森相隔着几间房间说出了这句话。

1847年，贝尔出生于英格兰，他的父亲和祖父都是声学家。贝尔17岁进入爱丁堡大学，并获得了博士学位，后来移居美国当了教授。

一天他偶然发现，当电路接通或断开时，螺旋线圈会发出轻微的噪声。作为声学教授的他，十分敏感地想到了一个问题，电是否也可以像空气一样使薄膜发生振动产生声音呢？这样人的声音不是可以通过电来传递了吗？在这一年夏天，他辞去了在大学中的教职，与电工技师沃森合作，开始研究用电来传递人的声音。

1875年6月2日是贝尔难忘的日子。他与沃森连续实验了16个小时，已经筋疲力尽了。贝尔将振动膜放到耳边，仿佛听到一种断断续续的声音。贝尔断定这种声音不是那种由电脉冲产生的声音，而是从振动膜里发出的声音。贝尔急忙跑到隔壁房间去找沃森，问沃森刚才是怎么回事？沃森向贝尔解释："由于没有调节好螺旋接点，仪器没有接电。他用手按动了一下膜片，想让它振动。"贝尔刚才听到的就是它产生的声音。他明白了，电磁铁上的振动膜

贝尔在试音

美国第一家电话公司

片使螺旋线圈产生电流，在另一头电流又使膜片发生振动产生声音。电话就在这一瞬间产生了。

1878年，贝尔在波士顿和纽约之间进行的首次长途通话也获得了成功。1877年，美国成立了第一家电话公司。我国出现电话的时间也不晚，距离贝尔发明电话只有几年。1881年，丹麦大北电报公司在上海装设了电话，第二年又在上海设立了第一家电话公司。

埃尔摩火

在航行于地中海的轮船上，船员中曾经流传着一个"神火"的故事。每当阴霾满天，暴雨即将来临的时候，有人经常会看到，在船桅的顶尖上会发出一种火光，使船员感到十分恐惧，好像灾难就要降临。但是，轮船一次一次在大风暴中平安脱险，船员不仅不怕这"神火"，反而把它看作是保护他们的"圣徒埃尔摩"。于是，船员就称它为"埃尔摩火"。

其实"埃尔摩火"是一种自然现象，它不仅在船桅的顶上出现，有时也会在飞机的引擎和翼尖上出现。它是一种感应电，采取了"电晕放电"的形式。

天空中存在着带正电或带负电的空气分子，但是，它们的数量并不多，只有金属中的自由电子的几百亿分之一，所以空气不会导电。

在暴风雨天气，空气中这些带电的空气分子会与不带电空气分子发生强烈的碰撞，在碰撞过程中，不带电的空气分子就变成了带电的空气分子。这样空气中带电的空气分子越来越多，空气就相对能导电了。同时，这些带电的空气分子有一个怪脾气，就是喜欢挤在一起，它们会集中在最细最尖的地方。船上的桅杆离天空中的云层最近，一旦它的顶上挤满了电荷，大家你"挤"我，

我"挤"你，到一定程度，就会把尖端上的电荷"挤"到空气中去，后面又源源不断地将电荷补充上来，就会在船桅的顶上发生火光，这种现象叫作"尖端放电"。

"埃摩尔火"

"看得见"的交流电

我们知道，电流有两种：一种是直流电，它在电路中沿着一个不变的方向传导，可以从蓄电池、电池中获得；另一种是交流电，它的强弱和传导方向会发生周期性的变化，照明、制冷、加热等家用电器用的就是这种交流电。电是看不见、摸不到的。只有它起了作用，我们才知道它的存在。例如，我们打开电灯开关，灯亮了，电就在里面流动。再如，我们打开电视机，看到了画面，就知道有电了。

如果我们平时多留点心，就可以"看见"交流电。交流电的最大特点是它的强弱和方向会依正弦规律变化。照理说，用交流电点亮普通的电灯泡会因它的强弱变化而出现忽明忽暗的变化，但是，为什么我们看不到这种现象呢？原来，我们用的交流电的变化周期很短，每秒钟要变化50次，而人的眼睛在观察物体时，会产生视觉暂留，大约会延续0.1秒钟，也就是说，过了0.1秒钟之后，你看到的物体才会消失。0.1秒钟

输送交流电的电线

的延续远远超过了交流电的变化（为0.02秒），使人的眼睛分辨不出它的变化来。这样我们就"看不见"交流电了。那么，有没有办法让我们"看到"交流电呢？下面我们来做一个试验，让交流电在我们面前显出原形。

晚上，我们关上房内的所有灯，只开一盏日光灯。当你将手在日光灯前挥舞时，就会看到相互重叠又有一定间隔的一串手影。如果你挥动手臂时伸出一个手指，手指则不会相互重叠，只会显出一排手指影，这说明日光灯在交流电作用下，使它发出的光有明有暗。灯亮时照亮了你的手指，灯暗时就看不见你的手指，出现了一排亮暗间隔的手指影。交流电的"本来面目"就显露出来了。

从柠檬电钟说起

1980年1月，英国伦敦有一个钟表修理匠叫东安尼·阿希尔，他制作了一只用柠檬做电池的电钟。柠檬这种水果怎么能做电池呢？消息一经传出，顿时引来了许多人的好奇，有的人纷纷效仿，到市场采购各种水果，有柠檬、柑橘和葡萄等，在家中围着一堆水果忙碌不停，做起各种各样的实验。用柠檬做电池能带动电钟中的电动机旋转起来，同样，用柑橘做电池也能使电钟走动起来。

将一块锌片和一块铜片插到水果（无论是柠檬，还是柑橘）里面，然后接上导线，就能让电钟走动起来。这水果不管它们表皮多么干瘪，只要它还有果汁就能发出电来。

柠檬电池

水果汁能够发电，其实并不是什么新的发现。人们早已知道其中的奥秘。将锌片和铜片插到稀硫酸或其他酸性溶液里，就能组成一个简单的化学电池。

柠檬或柑橘做的电池，其发电的原理和化学电池发电完全一样。柠檬汁或柑橘汁就好比是化学电池中一种酸性液体。不过，它的妙处是，普通的化学电池在稀硫酸反应完后，电流就中止。柠檬或柑橘是有生命的，在它们完全干瘪之前，由于植物细胞仍会新陈代谢，不断地和空气、阳光发生作用，产生的新柠檬汁或柑橘汁，使发电能继续下去。它解决了一个自动补充能源的难题。

除了水果可以做电池外，我们吃的马铃薯也可以做电池。不信，你就试一试看。

用长五厘米、宽一厘米的锌片和铜片各一片，插入一只马铃薯中，两者间隔一厘米。马铃薯上的铜片和锌片就相当于普通电池上的正负两极。再用六根短铜线将五只马铃薯电池串联起来，也就是说，将第一只马铃薯电池上的锌片用铜线与第二只马铃薯上的铜片相连接，第二

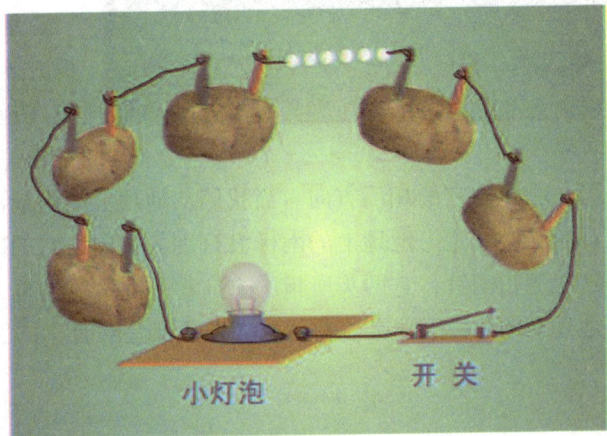

马铃薯电池

只铃薯电池上的锌片再用铜线与第三只铃薯电池上的铜片相连接。这样连成一长串，最后，两端接上灯座，就能点亮 1.5 伏的小灯泡。

一个看似荒谬的问题

我国古代四大发明之一指南针，最早的形状像一把大汤匙，叫作"司南"。用磁石做成的汤匙有一个长柄和一个光滑的圆底，将它放在一个特别光滑的盘上，盘上刻有八卦和表示方向的天干地支。"汤匙"长柄所指的方向是南。

后来，指南针被做成了针状，两头尖尖，将它放在水中，让它浮在水面上，

司南

它就会一头指北，一头指南。

如果有人向你提出一个问题：指南针会不会两头都指南或两头都指北？你一定会觉得这个问题提得十分荒谬，地球上哪里会有两头都是南，两头都是北的地方。

可是，地球上确实有这样的地方，就是在地球的南极和北极。

地球的磁极同地理上的南北极并不一致，如果我们将指南针放在地理上的南极，这时，指南针的一头会指向附近的那个磁极，另一头指向它的相反方向。当我们从地理上的南极出发，无论朝哪个方向走，都是在向北走。地理上的南极没有别的方向，它的四周都是北方。因此，放在这里的指南针，它两头所指的方向都是北面。同样，如果我们把指南针移到了地理上的北极，那么，它的两头指的都是南面。

鸽子回家和海龟洄游

1943年11月18日，英军的一支部队在向德军发起进攻前，要求空军轰炸德军阵地。正当英军飞机起飞的时候，一只名叫"格久"的军鸽带来了十万火急的信件。原来英军已经突破了德军的防线，有1 000名英军士兵已经进入了德军的阵地，要求立即撤销轰炸的命令。由于"格久"传递命令及时，拯救了1 000名士兵的

广场鸽

生命。英国伦敦市长授予"格久"一枚涂金勋章！我们都知道家养的鸽子可以从离家几十、几百甚至上千千米远的地方飞回家。那么，鸽子是怎样认识回家之路的呢？经过长期的观察发现，鸽子是依赖地球磁场判别方向的。

有人曾经做过这样的试验：将两组鸽子分别绑上强磁性的永磁铁块和弱磁性的铜

海龟

块，在远离鸽巢的地方放飞，绑有铜块的鸽子全部回到了鸽巢，而大部分绑有永磁铁的鸽子迷失了方向，未能返回鸽巢。进一步研究，发现鸽子头部含有少量的强磁性物质四氧化三铁。这些磁性细胞排列成一定形状、一定长度，组成了对地磁场十分敏感的"磁罗盘"。周围如果有强的电磁场就会干扰鸽子识别地球磁场。

现在，我们已经知道，除鸽子外，还有一些动物，如海龟、鱼类、昆虫，甚至细菌也有生物磁。生活在美国东南海岸的一种海龟，它的幼海龟会在大西洋中沿着顺时针路线出游，经过若干年后又会回到它的出生地产卵。如果将这种海龟放入一只装有海水的大容器中，外面加上一个人工磁场，人们就会发现，当人工磁场反向时，海龟就会反向游动，磁场确能改变海龟的游动方向。

在生物世界里，磁是普遍存在的，而且在许多情况下，磁还起着很重要的作用。

电动汽车"超越一号"

电动汽车"超越一号"，它的外观如同一辆普通的桑塔纳 2000 型轿车，但它的"心脏"却与众不同，不是普通的汽油或柴油发动机，而是搏动着一颗"绿色心脏"——燃料电池。

"超越一号"燃料电池汽车

这种轿车不"喝"汽油，只"喝"氢气。在它的行李厢里，人们会发现里面有氢气瓶、控制器和冷却水箱等装置。氢气瓶躺在"行李厢"的最里面。它是这辆车的"油箱"。氢气从氢气瓶沿着管道"钻"进一个反应器里，和空气中的氧气"结合"后，会释放出电能，供轿车上的电动机使用，让轿车轻快地跑起来。为防止性格活跃的氢气从瓶中逃逸，氢气瓶采用了铝板－碳纤维结构：在铝合金的内胆外面缠上一层碳纤维，然后刷上特殊的胶体，再缠上一层碳纤维，这样再调皮的氢分子也逃逸不出来。不过，为了安全起见，在后厢内还是安装了监测器，一旦厢内的氢气浓度升高，它就会及时报警。

控制器是个长得有点像老式蒸汽散热器（俗称热水汀）的小匣子。在不同的行驶情况下，燃料电池需要燃烧的氢气和氧气数量不同，同时会产生多余的热量。小匣子控制着氢气和氧气的供应量，并且"指挥"冷却水保持燃料电池的正常工作温度。

"超越一号"不仅装有燃料电池，还带有蓄电池，如果燃料电池发出的电能供电动机使用还有多余，就将多余的电能送至蓄电池储存起来，所以称它为混合动力。这里所说的"混合"不是人们熟悉的燃料电池和内燃机的混合。

"超越一号"使用的是40千瓦的燃料电池，1小时需要近30立方米氢气，可以跑上100千米，费用大约3元左右。它的最高时速可以达到110千米，并连续行驶210千米。它的最大优点是，不用为排污而担心。因为氢

燃料电池汽车的"心脏"

与氧化合后，生成的是水，没有废气排出。

　　世界上第一辆用燃料电池作动力的轿车，是德国奔驰公司在1996年5月研制成功的。之后，日本丰田公司在1997年研制成一款混合汽油电力的电动汽车投入市场。2002年12月又相继研制开发两种以燃料电池为动力的汽车。美国通用汽车公司研制的"氢动一号"，最高时速可达140千米，最大行驶距离高达400千米。在燃料电池汽车领域，这辆由上海同济大学汽车学院研制的燃料电池混合动力汽车"超越一号"，大大地缩短了我国与世界先进水平的差距。

磁悬浮列车探秘

　　2002年12月31日上午，上海磁悬浮列车首次运行，成为世界上第一条投入商业运营的磁悬浮列车。它的最高时速可以达到430千米，试验线路全长30千米，单向运行只需约8分钟。

　　磁悬浮列车是当今世界上最快的地面客运交通工具，它的最高时速已可达到500千米以上。普通列车行驶时，车轮与钢轨紧密相贴，车轮与钢轨间的摩擦阻力妨碍了它的车速增大，据科学家推算，这种列车的最大时速为380千米左右，实际时速只能达到300多千米。如果要列车进一步提高车速就必须转向磁悬浮技术。

　　什么是磁悬浮技术呢？

　　磁悬浮就是将两块磁铁相同的一极相互靠近，它们就会相互排斥，利用这个排斥的力量将列车托起，使列车悬浮在轨道上方，这样列车在行驶时就不会与轨道发生接触，运行阻力就会大大减小，使列车的时速大大提高。

　　但是，用一般的磁铁将

停靠在站台上的上海磁悬浮列车

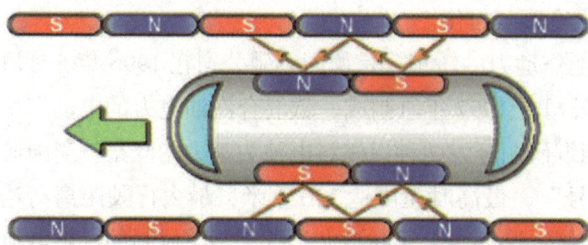

磁悬浮列车的工作原理

列车稳定地悬浮在轨道上，并不如想象的那么简单。将两块磁铁的北极（或南极）相对，无法使一块磁铁稳定地悬浮在另一块磁铁上。所以，要使列车真正悬浮起来，目前有两种技术。

一种是德国的"电磁力悬浮法"（EMS），上海浦东的磁悬浮列车就是采用这项技术。在列车的底部包着一条导轨，列车底部的起落架上的电磁铁向着导轨，磁力使列车悬浮在导轨之上约一厘米，即使列车静止，列车仍然能保持悬浮。

另一种是日本的"电动力悬浮法"（EDS），它是利用磁铁在导体附近移动时，导体内的磁场会因此而发生改变，并感应出电流来。感应电流又能产生磁场，使列车悬浮起来。在列车静止时，它不浮起来，要靠轮子滑行，到产生的磁力足以浮起列车的重量时，才将轮子收起来，就好像飞机起飞一样。

这种列车的行驶原理很简单。当列车移动时，会带同超导磁铁移动，使两边的线圈感应出电流，当交流电输入它两边的推进线圈，对超导磁铁产生拉力和推力，使列车行驶。

磁悬浮列车具有速度快、能耗低、噪音小、安全舒适、无污染等优点，缺点就是造价十分昂贵。

从风车到风力发电

人类在与自然作斗争的过程中，尝尽了风力的厉害。据说，在18世纪初，欧洲的一次狂风吹毁了400座风力磨坊、800座房屋、100座教堂、400多条帆船，25万株大树被连根拔起，数以千计的人受到伤害。风在数秒内发出的能量高达750万千瓦！

风有这么大的能量，人们早就想利用它来做点事。最早用风能的机具就是风车。在 7 世纪时，波斯的一个奴隶用砖砌了一座高塔，在塔上开了两个风口，里面安装了一根立轴，轴上装了一个用芦苇做的风翼，类似于现在的旋转木马装置。风从风口进来，推动风翼转动，再从另一个风口出去。风车可以带动抽水机、磨面机，帮助人来劳作。

现代的风车不再把转翼安装在塔里面，而是移到了塔外，垂直地面安装。随着人类社会进入了电气化时代，人们对风能的利用也转入了发电领域。20 世纪 30 年代，丹麦、瑞典、苏联和美国等国成功研制出了一些小型风力发电装置。

风能发电十分简单，一般由风轮（包括尾舵）、发电机和铁塔三部分组成。铁塔

古老的荷兰风车

是支承风轮、尾舵和发电机的构架，一般都比较高。风轮由两只（或更多只）螺旋桨形的叶桨组成。当风吹向叶桨时，使风轮旋转，带动发电机转动发电。

风力发电场

1979 年上半年，在北卡罗来纳州的蓝岭山上，美国建成了一座世界上最大的发电用风车。它有 10 层楼高，风车的直径达 60 米。当风力达到时速 38 千米以上时，功率可达到 2 000 千瓦。我国的风力资源也极为丰富。1998 年 10 月，在我国新疆的乌拉泊—柴窝堡—达坂城谷地建成了亚洲最大的风力发电场。它东西长约 80 千米，南北宽约 20 千米，是南北疆气流活动的主要通道。来自西伯利亚的冷风与大漠蒸腾的热气激烈对流，汇聚成风吹向达坂城。2000 年，这座风力发电场的总装机容量达到 40 000 千瓦。

世界上最大的水电站——三峡水电站

三峡水电站全貌

长江从世界屋脊——青藏高原的沱沱河起步，至上海入东海，全长6 300余千米，年入海水量近10 000亿立方米，落差达到5 800多米，水能资源非常丰富，高达2.68亿千瓦。长江自奉节至宜昌近200千米的江段，穿越瞿塘峡、巫峡、西陵峡等三段大峡谷，总称为长江三峡。举世瞩目的三峡水电站就建在三斗坪（湖北省宜昌市境内）。

水力发电就是在河面上筑起一座大坝，在大坝后面形成一个很大的水库，水库的水面与河的水面就会有一个很大的落差，水库中的水沿着水管往下流，冲击水轮发电机的叶轮，使叶轮旋转，带动发电机发出电来。

三峡水电站是目前世界上最大的水电站，大坝长2335米，底部宽115米，顶部宽40米，高程185米，正常蓄水位175米，总库容为393亿立方米，共安装32台70万千瓦的大型水轮发电机组，总装机容量2250万千瓦，截至2014年12月31日，三峡水电站成为世界上年度发电量最高的水电站，全年发电量达988亿千瓦时，相当于减少4900多万吨原煤消耗，减少近1亿吨二氧化碳排放。

三峡水电站的巨型水轮发电机组

三峡工程是当今世界最大的水利枢纽工程，它创造了多项世界水利工程之最。三峡水电站竣工后，它发挥了防洪、发电、航运、养殖、旅游、开发性移民、南水北调、供水灌溉等作用。

如果没有光的照射，大自然的五彩缤纷就会变成漆黑一片。一天之中，天空的颜色在不断地变化着。日出东方时，天空中呈现出如橙黄、紫和深蓝等鲜艳颜色。一旦太阳升起，大部分天空就变成了蓝色，只有在贴近地面的部分仍呈现出一段狭窄的橙色和黄色。日落时，灿烂的黄色太阳使邻近的天空呈现出橙色和黄色。当落日消失在地平线以下时，天空的颜色又逐渐从橙色变为蓝色。

那么，为什么天空的颜色是蓝色的呢？

这是太阳光被地球大气散射的结果。当太阳光进入地球大气层后，空气和水蒸气的分子会吸收部分太阳光，并向四面八方辐射，这种现象称为"散射"。太阳光是由七种不同颜色的光组合而成的，其中蓝光最容易被散射。日出和日落时，太阳接近地平线，阳光须穿过较厚的大气层才能到达地面，其中大部分蓝光被散射，余下橙红色光，所以日出和日落时，天空呈现橙红色。白天时，太阳光只穿过较薄的大气层，蓝光被散射的程度减少，所以太阳看起来是白色的，天空中充满了被散射的蓝光，整个天空呈现出蓝色。

但是，也有例外。1883年8月27日，天空就不再是蓝色了，变成红、黄色，甚至是绿色或暗紫色，令人望而生畏。原来位于印度尼西亚的喀拉喀托岛上的火山（高800米）发生前所未有的大爆炸。数不清的岩石和火山灰布满了整个大气，并被气流带往整个世界，使天空不再呈现蓝色。

我们可以用一个简单的实验演示天空为什么会是蓝色的：将牛奶滴入盛满清水的透明玻璃杯中，然后将牛奶和清水搅拌均匀，将它放置在没有光线的暗室中，再用手电筒照射杯子。从杯子的不同方向观察，在接近光源的地方，牛奶的乳悬液略带蓝色，远离光源的地方则略带红色，可见蓝光较易被散射。

这个小实验帮我们揭开了天空是蓝色的小秘密。读者们可以留意一下日常生活中，一些特殊的光与色的现象。

伽利略的一次失败实验

伽利略是一位伟大的物理学家，他一生中做过许多成功的实验。但是，为了测量光的速度的实验却失败了。

在 17 世纪，人们还不知道光的速度，但大多数人都认为光的速度很快，传播不需要时间。伽利略却不这样看，于是，他想通过一个实验来证实自己的看法。

1607 年的一天晚上，伽利略和他的助手分别站在两个相距很远的小山上，各自拿着一盏提灯，提灯罩子罩住了灯光。

实验一开始，伽利略先从提灯外面取下了灯罩，并立刻开始计时。当他的助手见到伽利略手上提灯发出的灯光时，立即也取下他的提灯外面的灯罩。这时，伽利略看到助手发出的灯光，再一次计时。这两次计时之间的时间，就是光在伽利略与助手之间来回一次的时间。只要知道他们两人相距有多远，就可以算出光的速度。但是，实验结果出人意料，不管两人之间的距离有多远，他们测出的时间都是一样的。

原来，光的速度实在太快了，每秒 30 万千米。即使伽利略与他的助手之间的距离达到 15 千米，光来回一次也只要万分之一秒，而人眼看到光，再用手拿下灯罩最快也要百分之一秒。更何况两者还不可能相距那么远。因为人眼不可能看到 15 千米以外提灯的微弱灯光。所以，伽利略的实验只能以失败告终。

意大利著名科学家伽利略

用温度计发现红外线

太阳照在人的身上，人会感到暖洋洋的。人们发现，太阳光不仅给人带来光明，还会给人带来温暖。

1666年，英国科学家牛顿在暗室中用三棱镜将白色的太阳光分解成赤橙黄绿青蓝紫7种颜色的光。又过了100多年，到了1800年，英国天文学家威廉·赫歇耳想到了一个问题，"太阳光是如何携带热量的"。太阳光由七种色光组成，那么，哪一种色光携带的热量最多呢？为此他做了一个有趣的实验。

牛顿将一间暗室的唯一——扇窗户用木板封死，只在木板上开了一个矩形的小孔，孔内装一个三棱镜。当太阳光通过三棱镜时，被分解为七色光带。赫歇耳将七支相同的温度计分别放置在每一种颜色的光带上，观察温度计的温度变化。他怕这样实验不够完整，就又在红光和紫光色带外分别再放置一支温度计。

温度计指示的温度在慢慢升高，不一会儿就停止了上升。他看了看温度计，各个温度计指示的温度都不一样。放置在紫色光带上的温度计指示的温度最低，只有2℃，放置在绿色光带上的温度计指示的温度是3℃。令他吃惊的是，在没有色光的红色光带外面的一支温度计指示的温度竟高达7℃。同样没有色光的紫光带外面的一支温度计指示的温度一点也没有升高。

他不相信自己的眼睛，又反复做了几次实验，每次的结果都是这样。这个意外的发现，使他发现了在红色光带外面还有肉眼看不见的光线，这种光线携带的热量要超过红色光。后来，人们就把这种看不见的光线叫做"红外光线"，简称"红外线"。

威廉·赫歇耳是英国著名的天文学

英国天文学家赫歇耳发现红外线

家。1738年11月15日,他生于英国汉诺威,他从小就对天文学发生兴趣,着手制造望远镜并从事观测。1781年3月13日,威廉发现了一颗新的行星——天王星,轰动一时。1800年,自他发现太阳光谱中的红外线后,他又探测到了天体中的红外辐射。他与妹妹和儿子对天文学做出的卓越贡献,被誉为十八九世纪英国对天文学有卓越贡献的一个家庭。

征服 "速度之王" 的迈克尔逊

1879年3月,著名物理学家麦克斯韦写信给美国航海年鉴局的大卫·佩克·托德,提出精确测量光的速度的建议。实验物理学家迈克尔逊见到这封信后,感到这是理论界对实验光学的一个挑战,迈克尔逊决定接受这个挑战。

迈克尔逊是德国移民。1854年,当他只有2岁的时候,随父母从德国的汉堡移民到美国。迈克尔逊的童年生活十分贫穷,却很充实。他父母不管生活有多么艰难,总不忘记督促他学习。17岁时,他考入了美国安纳波利斯海军学校。在学校里,他刻苦学习。进校时,他与其他同学相差无几,四年后毕业时,他就显得鹤立鸡群了。

毕业后,他选择了光学。光学是一门古老而年轻的学科,为了在光学研究中取得成就,他去了欧洲一些著名大学。他先后在柏林、海德堡和巴黎等大学学习。迈克尔逊在欧洲学习期间,不仅掌握了光学上的最新研究成果,而且动手做了一些光学实验。一回到美国,他就与纽科姆等人一起进行了长达两年多的测定光速实验。但是,他觉得测定的数据还不够精确,需要进一步提高。

迈克尔逊巧妙地设计了一个测量光速的实验方法。他对傅科发明的旋转镜作了改进,将一块旋转的平面镜改成一个可以旋转的正八面棱镜。如果八面棱镜静

美国科学家迈克尔逊

止不动，光射在棱镜的第一面上，经反射后射到安装在远处的固定的反射镜上，再次被反射而且平行返回的光射在棱镜的第三面镜上，这样光最后进入目镜镜头。如果正八面棱镜开始旋转，光返回后，就不可能按原先的角度进入目镜，要想使光进入目镜，棱镜必须以适当的速度旋转，即光从棱镜的第一面镜上反射后，经远处的固定反射镜再次反射至棱镜时，棱镜上的第二面镜正好转到原先棱镜不动时的第三面镜所处的位置上。经过无数次的反复校正，迈克尔逊测定的光速，达到很高的精度，但他还是不满意，他还在试图通过各种方法提高测量精度。1924 年，他测得的光速是每秒 299 820 千米，1926 年，他测得的光速是每秒 299 796 千米（1975 年第 15 届国际计量大会决议真空中的光速值定为每秒 299 792 458 米）。

迈克尔逊与他的同事在光学测量中硕果累累。1907 年获得了诺贝尔物理奖，1904 年获得意大利学会的马休斯奖章，1907 年获得英国皇家学会的柯普利奖章，1912 年获得富兰克林研究院的克雷逊奖章，1916 年获得美国科学院的德雷珀奖章，1923 年获得富兰克林研究院的富兰克林奖章和皇家天文学会的奖章，1929 年获得获物理学会达德尔奖章。他担任过美国物理学会主席、美国科学促进会主席、美国科学院院长。

他一生从事光速的测量达半个世纪之久，开始是在安纳波利斯的沿海地区起步，然后在华盛顿的波托马克河畔探索，接着在克利夫兰的铁路线旁研究，最后，威尔逊山目睹过他的身影，加利福尼亚州的桑塔·安拉地区倾听过他的脚步。迈克尔逊由于过度劳累，没等他完成最后一项实验，便于 1931 年与世长辞。

墨子和《墨经》

墨子，姓墨，名翟，生活在春秋战国之交时的鲁国，是我国古代的一个大哲学家和大物理学家。他本人还是一个能工巧匠，据说，他能在顷刻之间，将三寸之木削为可载重 600 斤的车轴两端的键；他还会制造能在空中飞翔的"木鸢"；他还设计过筑城工具和防御武器。

有一次，鲁班造了一只会飞的木鸟，在空中可以飞行很长一段时间。于是，他去向墨子炫耀自己的才能。墨子听了很不高兴。墨子就对鲁班说："你造的东西没有什么实际用途，只能给别人玩赏，还不如我用三寸木头削成的车轴两端的键，车辆可以运送东西，有实用价值。制造有用的东西叫'巧'，制造无用的东西就叫'拙'。"鲁班听了墨子的一番话，再也高兴不起来了。

墨子十分喜爱研究自然科学，他在自然科学方面取得的成就，是当时各家所望尘莫及的。他把自己的科学知识集中起来，写成了一部叫《墨经》的著作。

《墨经》在汉朝时共有 71 篇，现今只存下了 53 篇。《墨经》一书在中国自然科学史和世界自然科学史上具有崇高的地位。书中涉及的数学和物理学知识，约有 40 多条。物理

春秋战国时期的墨子

学知识涵盖了物理学理论、力学、几何光学等。尤其是几何光学，它是《墨经》中有关物理学知识中最为精彩的部分，共有 8 条。

《墨经》中讲述了影子和光源的关系：光源越小，越近，则影子越大；光源越大，越远，则影子越小。《墨经》中讲述的影子与物体的关系：影子的大小与物体的斜、正、远、近有关，物正，影短而粗；物斜，影长而细。在今天看来也是十分正确的。

《墨经》中还描述了小孔成像、平面镜成像、凹面镜与凸面镜成像等多种情形，书中论述的情况都与今天的实验相吻合，非常正确。

沈括和他的《梦溪笔谈》

沈括是我国历史上最卓越的科学家之一，被世界著名科技史专家李约瑟博士称为"中国科学史上最奇特的人物"。他精通天文、数学、物理学、化学、生物学、地理学、农学和医学；他还是卓越的工程师、出色的军事家、外交家和政治家；同时，他博学善文，对方志、音律、医药、卜算等无所不精，是一位博学多才、成就显著的科学家。

沈括生于北宋仁宗天圣九年（1031年），死于哲宗绍圣二年（1095年）。其母许氏是一位有文化教养的妇女。在母亲指导下，沈括14岁就读完了家中的藏书。其父沈周先后在镇江、泉州等地做官，沈括就随父亲离开浙江杭州到过福建泉州、江苏润州（今镇江）、四川简州（今简阳）和京城开封等地，使他增长了不少见识。他历任沭阳县主簿（县令助理）、太史令，参与过整理盐政、考察水利，任司天监、翰林学士等技术性官职，几乎包办了当时朝廷中的科学事务，如修历法，改良观象仪器，兴水利，制地图，监造军器等。

《梦溪笔谈》是他晚年所著，详细记载了劳动人民在科学技术方面的卓越贡献和他自己的研究成果，反映了我国古代特别是北宋时期自然科学的辉煌成就。《梦溪笔谈》被李约瑟博士称为

宋代的著名学者沈括

是"中国科学史上的坐标"。《梦溪笔谈》内容极为丰富，包括天文、历法、数学、物理、化学、生物、地理、地质、医学、文学、史学、考古、音乐、艺术等共600余条。其中科学技术方面有200多条，记载了他的许多发明、发现和真知灼见。《梦溪笔谈》不仅是我国古代的学术宝库，而且在世界文化史上有着重要的地位。

在《梦溪笔谈》中，他第一次明确谈到磁针的偏角问题。在光学方面，沈括通过亲自观察实验，对小孔成像、凹面镜成像、凹凸镜的放大和缩小作用等作了通俗生动的论述。他对我国古代传下来的所谓"透光镜"（一种在背面能看到正面图案花纹的铜镜）的透光原因也做了一些比较科学的解释，推动了后来对"透光镜"的研究。此外，沈括还在琴上做过实验，研究声学上的共振现象。

"透光"铜镜之谜

在玻璃没有被发明出来以前，古代人用铜作镜子。一面2 000多年前西汉

制作的铜镜曾经引起许多人的关注。

　　从外表看，它并没有什么特别之处。它是一面用青铜制作的圆镜，正面光亮照人，反面有美丽的花纹，并刻有"见日之光天下大明"八个字，与普通的铜镜并无两样。但是，一旦将它镜面对着阳光，奇迹就发生了。它不仅像普通铜镜那样，在墙上反射出一个明亮的圆，而且呈现出了与铜镜背面一样的美丽花纹和"见日之光天下大明"八个字。好像在铜镜背面有一束光线透过铜镜，照射到墙上一样。然而，铜镜并不透光，铜镜反面的花纹和文字怎么会被透射过来的呢？这一反常现象引起了许多学者的注意，但一时又弄不清产生这种现象的原因，因此，有人称它为"魔镜"。

　　我国自宋代开始就有人研究铜镜透光的奥秘。沈括等人认为是因铜镜背面的铭文、图案，造成铜镜的薄厚不均，在铸造铜镜时，薄的地方先冷，厚的地方后冷，造成铜镜收缩不一，铜镜上的文字和花纹虽然在背后，但在镜面上仍然隐约有迹，所以会在光中显现出来。吾邱衍等人认为，这是在制造铜镜时特意做上去的。先在铜镜的镜面上刻上与背面一样的花纹和文字，再用铜在图案上补铸，然后削平磨成镜面，加上铅。据说，有人打碎铜镜观看，证实了这种说法。国外也有不少人对透光铜镜进行过研究，但是都没有一个满意的结论。

　　20世纪70年代，我国的一些科技人员决心揭开"魔镜"之谜。他们运用现代科技手段对它进行研究，发现秘密就在铜镜的正面。铜镜的正面看上去似乎很光滑，但是，还是有微小的不平，这些凹凸不平竟与背面的花纹和文字一模一样。

西汉日月铭文透光铜镜

当光线照射在镜面上时，产生的反射光就按镜面上的凹凸不平照射在墙面上，于是，在墙上出现了与铜镜背面一样的花纹图案和文字。铜镜正面上的花纹和文字是在铜镜快速冷却过程中形成的。因铜镜的厚薄不均匀会引起热胀冷缩的不均匀，于是使镜面隐显出与它背面相同的花纹和文字。

　　我国科技人员还根据这一原理，复制出一面同西汉铜镜完全一样的铜镜来，最终证实了他们的猜测。"魔镜"的奥秘终于被我国科技人员揭开了。

罗马皇帝和单片眼镜

　　眼镜曾被认为是 1250 年最重要的两项发明，一项是指南针，另一项就是被培根称为"对于老年人和目光弱的人都有用处"的眼镜。

　　眼镜是谁发明的？有人说中国孔夫子时代就有了眼镜，但是，未能找到证据。也有人说在大约 2 000 多年前，罗马帝国有个暴君，特别喜欢看奴隶角斗。但是他的视力不好，坐在看台上看不清角斗的场面。他要工匠为他磨制一副可以看清远处的眼镜。工匠就用绿宝石为他磨出一片凹透镜片，把它放在眼睛前面，远处的东西就能看清楚了。这片罗马皇帝专用的单片眼镜就是近视眼镜的祖先了。真正意义上的眼镜，大约出现在 13 世纪前后。意大利的威尼斯是当时欧洲的玻璃加工制造中心，最早的眼镜也出现在那里。他的发明者可能是一位视力不佳的老年玻璃加工匠。他在加工玻璃圆盘时，偶然发现两面凸出的玻璃圆片，可以帮助老年人恢复眼力。于是出现了一种带柄的镜片。后来，有人就将两块镜片用铰链连接在一起，就成了现在可以放在鼻梁上的眼镜。当时，眼镜十分稀缺，一副玻璃眼镜价值千金，只能供少数王公贵族、官僚富商使用。那时眼镜也不是架在鼻梁上的，而是装在帽檐上，或装在木、骨或铁制的环里，看东西时要用手举着；也有人将眼镜镶嵌在一根皮带上，看东西时把皮带系在头上。

　　在我国，单片眼镜被称为"单照"，在明朝时就有了。后来，双片眼镜也传入我国。在明人绘制的《南都繁会景物图卷》上就有戴眼镜的老人。这可能是我国最早的戴眼镜的图像。

　　早年，人们搞不清楚为什么戴眼镜会看得更清楚。去眼镜店买眼镜，只是戴上

古代欧洲人的眼镜

《南都繁会景物图卷》中坐着一位戴眼镜的老人

哪副清楚，就挑那副。磨镜片的工匠也只是凭经验磨制镜片，没有定制。

16世纪末，天文学家开普勒揭开了眼睛的秘密。他发现眼睑里的黑眼球是个凸出来的透明水晶体，能调节进入眼球的光线。水晶体边缘的肌肉有收缩和张弛的功能。随着眼睛观看物体的远近，水晶体能凸起多一些或少一些，使物体的像正好落在眼球后面的视网膜上，这样，人才能看清物体。但是，当水晶体边缘的肌肉收缩和张弛功能出现问题时，视力就会出现问题，看远的不清楚或看近的不清楚。如果看远的不清楚，就要戴凹镜片的眼镜，才能看清远的东西；反之，如果看近的不清楚，就要戴凸镜片的眼镜，才能看清近的东西。他终于弄清楚了戴眼镜的作用。

发生在不锈钢汤匙上的不可思议的趣事

小李有一把光亮照人的不锈钢汤匙，平时，小李总把它擦拭得锃亮。课余，他也喜欢摆弄它，常常拿它当镜子，照照自己的脸。有一次，他发现用不锈钢汤匙前后两面照出的脸是不一样的。用正面（也就是凹面）照自己的脸，上面映出的是他倒着的脸；反过来，用反面（也就是凸面）照自己的脸，上面映出他的脸倒是很端正的。这件事把小李搞糊涂了，在同一把不锈钢汤匙上，怎么会照出两张颠倒的脸来呢？

现在，让我们看看为什么会出现这种情况？

不锈钢汤匙的两面：正面是凹下去的，反面是凸出来的，正面是凹面镜，另一面是凸面镜。我们知道光遇到镜面会被反射回来，同样，光线遇到不锈钢汤匙两面也会被反射回来。

根据光的反射定律，照射的角度（入射角）和反射回来的角度（反射角）是一样的。

当人脸映在汤匙的正面时，来自他头顶部的光线会通过凹面镜反射从下面返回到小李的眼中，而下颏部的光线恰好与此相反，从上面反射到小李眼中。这样，他看到的是一个倒置着的脸。

反之，当人脸映在汤匙反面时，来自他头顶部的光线会通过凸面镜

不锈钢汤匙上的趣事

反射，仍然从上面返回到小李的眼中，而下颏部的光线同样会从下面反射到小李的眼中。这样，他就能看到一个端正的脸。原来，这现象是光线通过不同的镜面反射造成的。

一个笑话

一个笑话

有一天，王先生去理发店理发，他刚坐上理发椅，一个理发师就走了过来，对王先生说："你看，远处有个人正在爬烟囱。"他又给王先生指了指前面的理发镜说："你看，镜子里面照着哪！"这话引起了王先生的好奇性。他为了看清楚那个爬烟囱的人，就把脸贴近了镜子。他满以为自己这样做十分聪明，既方便，又省力，还可以看清烟囱上的那个人。但是，事与愿违，他仍然一点也看不清楚烟囱上的人，跟原先看到的一模一样。

这是什么原因呢？

原来，这是王先生产生的错觉。他以为镜

子里的图像与照片、图画中的图像是一样的，放得近一点会看得更清楚一点，其实不然，镜子中见到的烟囱并不是在镜子上，而仍然在远处。假如烟囱离镜子有 1 000 米远，王先生的眼睛离镜子有 1 米远，两者加起来的距离，就是王先生的眼睛到烟囱的距离，为 1 001 米。如果王先生将眼睛靠近镜子，眼睛与镜子的距离从原来的 1 米缩短到 10 厘米，那么，原先人眼到烟囱的距离 1 001 米缩短到 1 000.1 米，两者的距离仅仅缩短了 0.9 米。因此，王先生看到的烟囱上的人的大小基本上不会有什么变化。王先生如果要看清楚烟囱上的那个人，必须要用望远镜。

站在盥洗室的镜台前照镜子

　　陈女士站在盥洗室的镜台前，对着镜子一会儿梳理一下自己的头发，一会儿打开自己的化妆盒，拿出化妆用品给自己的脸上略施淡妆。一不小心，一支口红掉下去碰到了她的皮鞋。她想看看口红是否弄脏了她的皮鞋。可是，镜子中只照出了她的上半身，她想只要往后退一点，就可以看到她脚上的皮鞋了。于是，她一边看着镜子，一边朝后退。一直退到后面碰到浴缸，差一点摔到浴缸里，还是看不到她脚上穿的皮鞋，怎么搞的，镜子里仍然只有她的上半身。陈女士能看到她脚上穿的皮鞋吗？

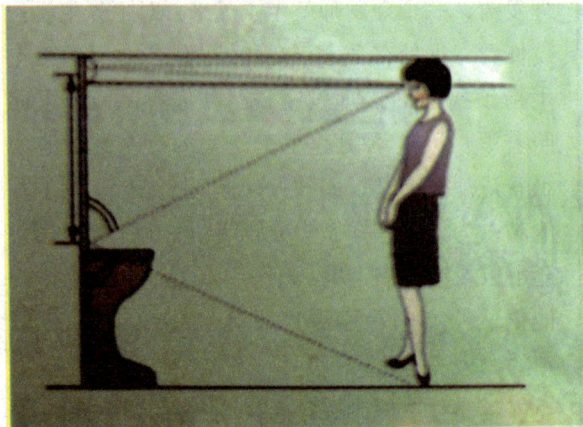

陈女士照镜子

　　答案是陈女士不可能看到她脚上穿的皮鞋，不管她往后退得多远。这是为什么呢？陈女士要想看到她脚上穿的皮鞋，也就是在镜子中出现陈女士的全身，只有加长镜子的长度。那么，镜子需要加长多少米呢？

　　这是光学中的光线反射问题。人的眼睛可以通

过两条光线看到镜子中的图像，一条是从头顶经过镜子反射到眼睛的光线，另一条是从鞋尖经过镜子反射到眼睛的光线。如果镜子的长度为从眼睛到头顶间1/2距离，加上眼睛到鞋尖间的1/2距离，就可以照出全身了。从中我们可以知道，镜子照出的范围，只与镜子的高度有关，而同人站立的距离无关。所以，不管陈女士如何后退或前进，镜子里照出她的部位是不会改变的。

红绸验尸破案

在古代，有一个地方发生了一件命案，一个恶棍打死了一个人。县官带人去验尸，未见尸体上有血迹和伤痕。他正在纳闷的时候，有一位老人走过来告诉他，只要用红绸遮挡住外面的阳光，你们就会发现尸体上有无伤痕。县官和验尸的衙役开始并不相信这位老人的话，但一时也无计可施，只得按照老人的办法试试看。县官派衙役找来了几块红绸，将窗户遮挡住。室外的白色太阳光通过窗户上的红绸变成了红光，房内呈现出一片红色。说来也奇怪，在红光的照射下，伤痕果然显现了出来。县官终于将案子破了，为死者申了冤。

在日光下的鞋子

红绸能验尸破案，这其中有什么奥妙呢？

只要有一点光学知识的人，很快就会知道其中的奥妙。我们都知道，白光其实是由赤、橙、黄、绿、青、蓝、紫七色组成的。人眼能见到的颜色就是白光照射在物体上的

在红光下的鞋子

反射光。如果这个物体反射的是红光，我们看到的这个物体的颜色就是红颜色。如果这个物体什么颜色的光都不反射，那么，我们看到的这个物体的颜色就是黑色。对于一个透明的物体，我们见到它的颜色就是它反射的色光或是透过它的色光。当用红绸将窗户遮挡住，照进房间里的太阳光也就变成红色的了。

人被打伤，有时在表皮上不一定能看出伤痕，但在皮肤下会出现瘀血。瘀血一般都呈青紫色，在白光（复色光）下，一般不容易被辨认出来。但是，在红光下，瘀血的青紫色会变成黑色。红绸仿佛是一个滤色镜，将阳光中的橙、黄、绿、青、蓝、紫色光的成分被滤去了，只剩下红色光，使原先没有显露出来的伤痕显露出来。

今天，在痕迹科学研究中，应用红外线来显露不被人们注意的痕迹，其原理与红绸验尸是一样的。

镜子的故事

《金瓶梅》小说中的磨镜匠

人只要在镜子前面一站，就可以看见你自己的面容。但是，在远古，人们不知自己的面容，全凭别人说了算。后来，有人偶尔在水中看到了自己的相貌。于是，清澈的水面就成了人们最早的"镜子"。人们开始用各种形状的石器或陶器盛满了水照自己的脸蛋，我国古代称这些石器或陶器为"监"。"监"就是镜子，可以照人脸。

到了人们学会用金属制造工具和武器的时候，金属的光亮表面就可以照出人的容貌。第二代镜子——金属镜子就出现了，如我国古代的铜镜，古埃及、古罗马和古希腊的金属镜子。但是，金属镜子不仅容易起毛，而且容易氧化。这种镜子用起来非常麻烦，过一段时候，就要

请专门的工匠来打磨，因此，古代有专门以此为生的磨镜匠，在小说《金瓶梅》第五十八回"怀妒忌金莲打秋菊，乞腊肉磨镜叟诉冤"中，对磨镜老人有这样一段描述：潘金莲看到一个磨镜的老人走来，叫来安把他叫住，那老人放下担子，来安从家里一共拿来了大小八面镜子，交付给磨镜老人。磨镜老人坐在一条低矮的长凳上，双手拿着磨镜工具对一面镜子进行研磨，旁边放着一只盛水的小碗，兜里放着各种工具，潘金莲和孟玉楼在门口看着这个老人磨镜。老人使了水银，在消顿饭之间，镜子被磨得耀眼精光。一个妇人对着镜子照了一下，镜中花容，犹如一江秋水。

用玻璃代替金属制作镜子，开创了镜子史的新纪元。400多年前，在意大利的威尼斯制成了一种无色玻璃，威尼斯人把亮闪闪的锡箔贴在玻璃板上，就成了一面可以照出人的真实肤色的玻璃镜子。但是，由于玻璃表面不平，照出的人像有点怪怪的，即使这样，在当时，由于玻璃镜子的价格高昂，只有巨富才敢问津。

据说，在法国王后德美第西斯结婚时，意大利国王送给她一面玻璃镜子，虽然这面镜子只有书本那么大，但是价值15万金法郎！

在当时的欧洲，这种制镜技术只掌握在威尼斯的玻璃工匠手中。威尼斯政府为了垄断制镜技术，下令把全国的制镜工场都搬到威尼斯的穆拉诺岛上，并派重兵把守，以防制镜技术的秘密被泄露出去。

法国一直想获取制镜技术的秘密，打破意大利的垄断，但始终没能得手。1665年，法国政府下决心要获取这项技术，指示法国驻威尼斯大使要不惜任何代价，把威尼斯穆拉诺岛上的制镜技术的秘密弄到手。一天晚上，法国大使不停地抽着烟斗，在办公室的窗前来回走动，他在焦急地等待着一个人。

一艘小船无声无息地从使馆后面的运河划了过来。船里钻出一个人，他向四周张望了一下，"噌"地跳上岸，随即溜进了虚掩着的使馆后门。这个人是威尼斯穆洛拉岛上一家杂货店的

现代的玻璃镜子

老板。他们两人开始商量获取制镜技术秘密的行动。

两星期后，也是一个漆黑的夜晚，从穆洛拉岛边的礁石丛中，猛地闪出五个人影，其中一个就是杂货店的老板。他们一起钻进事先等待着的一艘小船。眨眼间，小船就消失在黑暗的波涛中，驶向了法国的海岸。威尼斯制镜技术的秘密从此落到了法国人的手中。

制镜技术的秘密被公开后，有更多的人开始研究制造镜子的方法。19世纪，有人发明了"镀银法"，在玻璃上镀上一层极薄的银层。为保护银层，再刷一层红色的保护漆。这种镜子既明亮又耐用。后来，还有涂铝、涂铟的。它们的反光性更强，镜子就会变得更明亮。

隔墙有眼

如何隔着一堵墙能看到隔壁，我国古代就有一种办法，叫作"大镜高悬"。在一本古书上有这样一段描述：取一面大镜，高高挂起，然后在它的下方放一盆水，就可以看见隔壁的邻居了。

将一面大镜子悬挂在一棵大树上，使镜面倾斜向下，再拿一盆水放在自家的院子里，并和镜面相对，隔墙四邻的活动全然在镜子上，镜子又会将四邻的活动反射到下面的水盆里，水盆的水面就像一面镜子，上面就会显出隔壁邻里的活动。这个装置虽然巧妙，但是使用起来十分不方便，也不太隐蔽。

19世纪末，欧洲人发明了一种潜望镜，它十分简单、小巧，不仅可以随身携带，而且使用起来也不会被别人发觉。它是利用光的反射特性制成的。最简单的潜望镜就是在一个S型的管子的上方和下方各装一块平面镜。这两块平面镜都跟水平方向成45

隔墙有眼

度角。其原理与"大镜高悬"差不多。潜望镜的上面一块平面镜相当于高悬在一棵大树上的一面镜子，下面的一块平面镜的作用如同盆中的清水，所不同的是，它们不是水平放置，而是呈 45 度角，通过再一次的反射，人就可以从管子的另一头观看，这样就更方便了。

潜望镜

潜望镜最早的应用是在军事上。战士坐在战壕里，可以观察到战壕外面的情况，不必再把头伸出战壕。在潜艇中，潜望镜更是大有用武之地。潜艇潜入海下，要了解海面上的情况，就只有通过潜望镜——一根长长的管子，上端露在水面上，海面上的光线通过装在潜望镜上端的平面镜（或三棱镜）反射，并沿着管子向下，再经过底部的平面镜反射，在潜艇上的人就能看到海上发生的情况。

但是，潜望镜的高度会受到一定的限制，一般不超过 20 米。这是因为光线进入潜望镜后，通过折射到达人的眼睛，这段路程不能太长，否则，潜望镜能看到的视界就会变得太小。如果把潜望镜的视界放大，就得装置一连串的镜片。但是，玻璃会吸收一部分光线，因此所看到的物体会变得暗淡、不清晰。在天气阴暗的时候，视觉效果会更差。

海市蜃楼

2003 年 12 月 21 日下午 18 时 10 分，乌鲁木齐市上空笼罩着淡淡的雾气，整个城市好似淹没在灰蒙蒙的烟雾中，站在高楼向东南望去，远处的山峰上呈现出一线紫色光带，上面幻现出几幢高大的建筑物。时而能清晰见到建筑物顶部的避雷针，时而只能看见朦胧的楼影。这一不断变化的景观在一瞬间便消失得无影无踪。然后，不久又出现了更为奇特的景象。在紫色光带下面出现了红色的光晕，光晕下面是一条闪闪的白色光带，它先与地平线平行，随后似放射状的一条"长河"横亘天空，"长河"撕开了天空的轻雾，可以清晰地看到

海市蜃楼景观

远处的雪山。乌鲁木齐上空被分成上下两层，下层是浅灰色的雾，上层是白色的雾，白雾中的朦胧景色，与光带中的雪山形成鲜明对照。18时30分，乌鲁木齐上空被雾气弥漫，空中的景色全然成为一片灰蒙蒙。

这种自然景观被人们称作"海市蜃楼"。在我国许多地方都会出现这种现象。最著名的地方是山东省蓬莱，在县城城北1千米，濒临渤海的丹崖山顶上，有一座重檐八角、绕以回廊的殿阁，那就是有名的蓬莱阁。每年的五六月份，在平静无风的日子里，人们凭阁眺望，可以看到空中有山、船、市镇、街道等景观。

沙漠中也会出现这种景象，眼看前面的绿洲就在咫尺，但走近一看却空无一物。据说，1789年夏天，法国拿破仑一世率大军入侵埃及，部队在沙漠里行进，眼看远处沙丘中有树林、湖泊或军队、旌旗，但是，走近一看，只是一片荒无人烟的沙丘，致使军心浮动，惶惶不安。

那么，这种现象是怎样产生的呢?

海市蜃楼是物体的反射光经大气折射而形成的一种虚像，也就是一种光学幻景。

光线在空气中会被折射。不同温度的空气有不同的折射率，靠近地面的空气较热，折射率则较低。在沙漠中，沙土被太阳晒得灼热，由于热胀冷缩，接近沙土的下层热空气密度小而上层冷空气的密度大，这样空气的折射率是下层小而上层大。当远处较高物体反射出

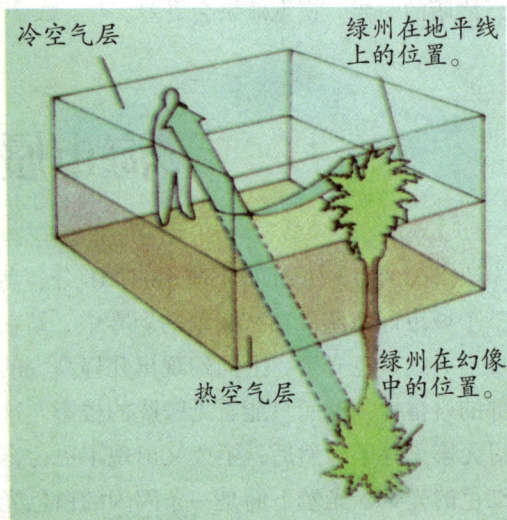
冷空气层
绿州在地平线上的位置。
热空气层
绿州在幻像中的位置。
海市蜃楼原理图

来的光，从上层较密空气进入下层较疏空气时被不断折射，其入射角逐渐增大，增大到等于临界角时发生全反射，这时，人要是逆着反射光线看去，就会看到海市蜃楼。

在海洋中，海水的热容量很大，即使在强烈的阳光照射下，水温也不容易升高。这样一来，接近海面的空气受海水温度的影响，气温较低，而稍高的空气层在日光的照晒下，气温反而高。这样空气密度上层小下层大。在无风的天气里，密度小的上层空气就像镜子一样把数十千米外、原来看不到的海中诸岛发出的光线，反射到人的眼中，产生一种虚无缥缈的映像。

妙趣横生的万花筒

万花筒是小孩喜欢的玩具之一。

万花筒的结构十分简单，用薄的硬纸板卷成一个圆筒，圆筒中放三块长条形的平面镜，围成一个三棱柱体，圆筒的底部放两块圆玻璃，玻璃中间放一些彩色的碎玻璃，圆筒的另一头放一块圆形厚纸片，上面开一个小孔，用来观看万花筒，圆筒外面再糊上一层花纸头，一个万花筒就做成了。一个简单的万花筒能变幻出种种漂亮的图案，无论男女老少都会喜欢。万花筒的原理也十分简单，就是在两个平面镜之间进行多次反射成像。常见的万花筒是用 3 块长条形的平面镜围成的三棱柱体，各镜面间的角度为60°。这样的结构，两个镜面间的物体可以成 5 个像，而 3 个镜面间的物体至少可以成12个以上的像。在万花筒中，通常放有形状与色彩各不相同的玻璃碎片。这些玻璃碎片的多次反射会构成美丽的对称图案。转动万花筒时，碎玻璃片的位

万花筒中的图案

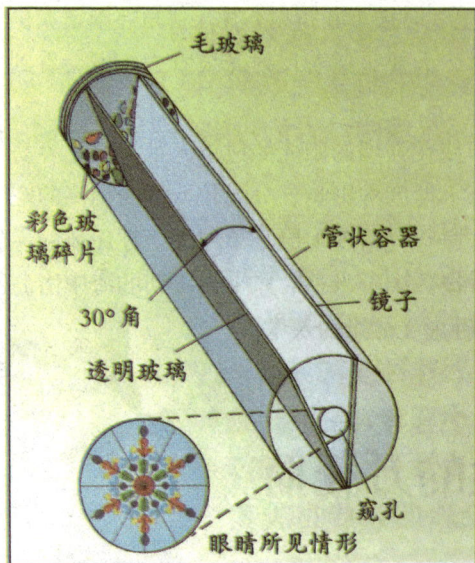

毛玻璃

彩色玻璃碎片

管状容器

30°角

镜子

透明玻璃

窥孔

眼睛所见情形

万花筒的内部结构

置一改动，反射成像形成的图案就立即变动。因此，在万花筒中，人们可以看到千差万别、令人惊讶和美不胜收的图案。

据说是一个叫大卫·勃罗斯特的英国爵士发明的万花筒。他童年时候住在苏格兰的杰德伯勒，一生喜欢光学实验。他发明的万花筒，一夜之间便获得意外的成功。在3个月内，巴黎和伦敦的商店里就卖出了20万架。

勃罗斯特发明的万花筒像一架小型的望远镜，十分小巧玲珑，整个设计独具匠心。

19世纪70年代，美国一个名叫布什的人发明了一种美国古典万花筒，极富想象力，还获得了美国专利。布什万花筒是一个大镜筒，安在一个木托架上。

从小孔看进去，五彩缤纷的玻璃片在镜面的反射下变幻莫测，形成一个奇妙的世界。它的图案比19世纪的任何一种万花筒更为丰富多彩。

1971年，美国纽约的一个艺术家卡莱里兹发明了一种偏振光万花筒。它用透明的有机玻璃、偏振滤波器、双折射材料和矿物油制成。万花筒用一个透明的有机玻璃圆粒和一个红色的有机玻璃反光棱镜来代替镜子，使它看起来就像浮雕一样富有立体感，在你眼前出现了一个在水气蒙蒙中闪烁着点点光芒的世界。

据说，随着科学技术的发展，有人正在研究光导纤维、电声组件的万花筒。

中国人自制的望远镜

望远镜是一项了不起的发明。关于是谁发明了望远镜，并无定论，一般将

它归功于荷兰米德尔堡眼镜商汉斯。

1600年的一天，在汉斯开的眼镜店里，几个小孩正在把玩他的镜片。他们模仿大人，把镜片架在自己的眼睛上，反而看不清镜片后面的东西。有一个淘气的孩子一手拿着近视镜片，一手拿着老花镜片，把它们一前一后地举在眼前，惊喜地发现，看到了远处教堂顶上的风标，而且离得很近。眼镜店老板汉斯也学着小孩的样子试了试，果真是这样。汉斯根据孩子的发现，制成了世界上第一架望远镜。

后来，望远镜被传到了法国，又从法国传到了意大利。伽利略听到这个消息后，自己设计制造了一架天文望远镜，用来观察天上的星星。

明代的《远镜图》中的望远镜

中国人自制望远镜也很早。江苏苏州有一个工匠叫薄珏，他曾制造过望远镜。在邹漪《启祯野乘》中就记载了崇祯四年（1631年）他为中丞张国维造炮的事迹，说他在每一门炮上都安装了千里镜（我国古代称望远镜为"千里镜"），用来侦察远近的敌人。薄珏制造望远镜的事在江苏的地方志《吴县志》中也有记载。至少在17世纪20年代末，中国人自己就会制造望远镜了。这时距离望远镜发明也不是很久远，相差不过二十来年，与开普勒、伽利略等人处于同一时代。

当时，苏州的眼镜制造业是享誉全国的。现在，上海的吴良材眼镜公司，原先就是苏

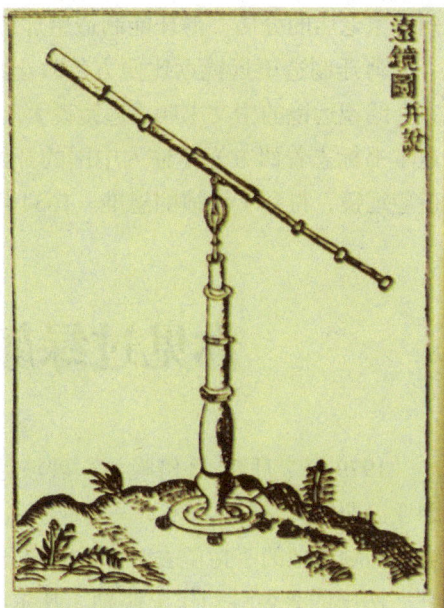

清末版画中的望远镜

州一家老店的分店。薄珏能制造望远镜也不奇怪。

薄珏制造望远镜远比西方传教士将望远镜的有关知识传入中国要早。第一本介绍望远镜的中文书叫《远镜说》，是西方传教士汤若望写的，1626 年出版。这本书标志着西方光学输入中国的开始。1628 年，徐光启奏请崇祯皇帝拨款建造望远镜，得到了崇祯的恩准。1634 年，三架望远镜建成。

你见过绿颜色的太阳吗

1979 年 7 月 20 日傍晚，一艘波兰船"晨星号"从旧金山经赤道，驶入萨摩亚以西的海域时，突然，一名舵手激动地喊道："快看哪！太阳绿光！"可是，当人们顺着他的手指望去时，只有落日的余晖，绿色已经消失了。

法国的著名科幻作家儒勒·凡尔纳曾经写过一部名叫《绿光》的小说，说的是一个年轻的女主人公对太阳发出绿光抱有极大的兴致。她开始到处旅行，目的只有一个——亲眼看到太阳的绿光。不过，这位年轻的苏格兰女旅行家最终也没有达到目的。

但是，太阳发出绿光的自然现象确实是存在的。

我们知道，太阳光通过三棱镜会被分解成红、橙、黄、绿、青、蓝、紫七色。靠近地面的大气就像是一个底面朝下的很大的三棱镜。

当太阳落到地平线上时，通过大气"三棱镜"，太阳上面边缘就显出蓝绿色，下面边缘却显出黄红色。在太阳的位置高出地平线时，因为太阳中央的光十分耀眼，使我们看不到边缘亮度较弱的各种色光；但在日出、日落时，太阳落到了地平线以下，这才使我们能够看到太阳上面边缘的蓝色光。它实际上有两种颜色，上面是一条蓝色带，下面是蓝绿两色混合而成的天蓝色光。但是，蓝光常会被大气散射掉，所以我们看到

绿太阳

的就只剩下一道绿色光的边缘，这就是"绿光"现象。不过，地面大气在大多数时候是浑浊不清的，会把蓝绿两种色光全部被散射掉，所以，我们就不能看到太阳边缘的颜色，太阳就像一个火红色的圆球。

两位阿尔萨斯的天文学家对于这种现象有过这样的记述，在太阳完全落下的前一分钟，太阳围上了一圈绿色的镶边。这个绿色镶边在太阳还没有完全落下之前，是不可能看见的。

绿光出现的时间很短，最长不超过三秒钟，最短不到一秒钟。一般纬度越高，绿光停留的时间就越长。在春分和秋分时，绿光出现的时间最短；而在冬至和夏至时，绿光出现的时间最长。假如你有机会在天气好的时候到海边看日出，不要被绿色太阳吓呆啊！

奇异的冰洲石

在欧洲的北海中有一个小岛，叫"冰洲岛"。岛上出产一种透明、莹洁的石头，人们叫它"冰洲石"。由于它像水晶一样晶莹剔透，常常被当作装饰品。

1669 年的一天，丹麦哥本哈根大学教授巴托里奴斯无意中将一块很大的冰洲石放在打开的书本上，他惊奇地发现，冰洲石下面书上的每一个字都变成了两个字。当他将冰洲石移开时，书上的每一个字仍然跟原来的一样，没有什么变化。巴托里奴斯对这个现象进行了研究，但没有研究出什么名堂来，但是，他没有忘记把这一奇怪现象记录下来，留给后人去研究。

过了 9 年，荷兰物理学家惠更斯从故纸堆里发现了这段记录，引起了他的注意。惠更斯发现：当一束光射到冰洲石上面时，它的折射光不是通常见到的一束，而是有两

冰洲石

束。其中一束光遵循折射定律，它的行为和方向与一般的折射光相同；另一束光则不同，是一束特殊光束。由于两束光束的折射率不同，于是，它们在冰洲石中传播时就分道扬镳了。当然也就产生两个图像了。惠更斯将这种现象称为"双折射"。这种晶体也称作为"双折射晶体"。但是，问题并没有结束。18世纪下半叶，一位叫马吕斯的工程师在用冰洲石观看映在卢森堡宫殿的玻璃窗上的金色落日时，发现太阳不是两个，而是一个。后来，马吕斯借助烛光继续进行实验，观察到更多的有趣现象。他用冰洲石观察由水面反射的烛光，可以看到烛光有两个像。转动冰洲石，较亮的像会变暗，较暗的像会变亮。然而，当烛光入射水面的角度大于36度时，其中的一个像就会消失。

法国科学家菲涅耳对这些现象进行研究，终于弄明白了，光是一种横波。它就像水面上的水波一样。冰晶石中分子的整齐排列就像一道"木栅"，用它观察太阳时，只有与"木栅缝"同样方向的偏振光波才能通过它，所以可以看见太阳。当将两片偏振片重叠在一起观察时，只有两片晶体的"栅缝"重合时，才能见到明亮的日光，转动一片晶体时，两条"栅缝"交叉就会挡去一部分日光，当这两条"栅缝"相互垂直时，光就全部被挡住了。冰洲石就起到了这样的作用。后来，人们发现其他晶体也有这样的作用，如水晶、方解石、白云石等。

"哈勃"太空望远镜

1990年4月24日，美国"发现"号航天飞机首次携带一台以著名的天文学家哈勃命名的太空望远镜，进入离地高度约595千米的低地球轨道。

"哈勃"太空望远镜由光学部分、科学仪器和辅助系统三大部分组成，全长13.1米，直径4.27米，重约12吨。它的"心脏"，由直径2.4米的主镜和直径30厘米的副镜组成。

"哈勃"太空望远镜上的科学仪器能观测到140亿光年之遥的天体，还可以清晰地探测到暗至29等的宇宙天体！如同它可以从美国华盛顿看到16 000千米以外的澳大利亚悉尼市的一只萤火虫！在"哈勃"望远镜工作的11年中，科学仪器一共对 15 700 个天体进行了 390 000 次观测。它环绕地球 64 240 圈，总的行程大约是 2.56 亿千米。这个距离大约可以绕太阳 9 圈。"哈勃"望远镜每天获取的数据，可以装满 6 张光盘。根据"哈勃"望远镜的观测，天文学家已经发表了 3 073 篇科学论文。

"哈勃"望远镜不仅源源不断地为我们提供有用的观测信息，而且新的发现层出不穷：

发现了离地球大约 120 亿光年的天体，这是我们至今观测到的最远的天体；

证实星系撞击，在太空中会产生新的星体；

首次提供黑洞存在的直接证据；

美国著名天文学家哈勃

发现一颗正在蒸发的行星；

发现呈"S"状的神秘星云；

发现迄今已知最古老的行星；

发现太阳系外，含氧和二氧化碳大气的行星；

拍到迄今可见的宇宙最深处照片；

发现黑暗时代后期形成的古怪银河

……

"哈勃"望远镜的新发现还在继续，可是，它的 15 年寿命即将结束。本来，美国宇航局做出放弃"哈勃"望远镜的决定，希望它在 2010 年完全退役，但是由于后续的太空望远镜因技术上的原因，未能在 2011 年发射升空，哈勃望远镜不得不延

在太空中的"哈勃"望远镜

长它的服役时间。2011年11月，借助"哈勃"空间望远镜，天文学家们首次拍摄到围绕遥远黑洞存在的盘状构造。2013年12月，天文学家利用"哈勃"太空望远镜在太阳系外发现5颗行星，它们的大气层中都有水存在的迹象，是首次确定测量多个系外行星的大气光谱信号特征与强度，并进行比较。

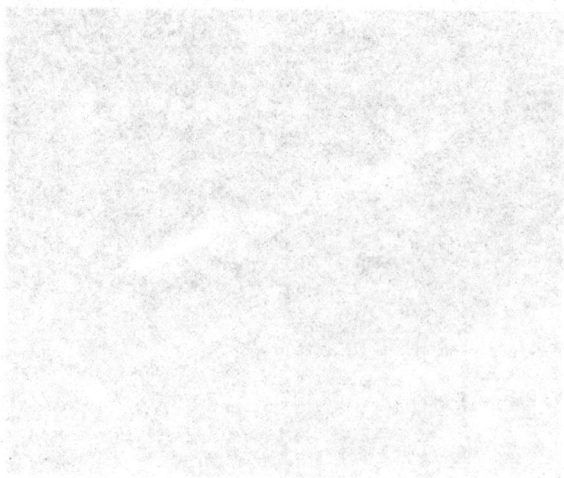

奇妙的物体运动

　　古希腊哲学家赫拉克利特（公元前 530—前 470）说过一句名言："人不能两次踏入同一条河流"，因为河水在不停地流动着，所以当人第二次踏入这条河流时，接触到的已不是原来的河水，而是从上游流下来的新河水。世界是物质的，物质就像河流中的河水一样处于不停的运动之中。整个世界就是永恒运动着的物质世界。

　　有些事物的运动，我们用肉眼可以观察到，大到太阳的升起下落，小到一只蚂蚁在地上爬行；但有些事物的运动是我们觉察不到的，如"稳如泰山"的泰山，每 100 万年升高几百米，平均每年升高仅十分之几毫米，人活一生，泰山仅长高几厘米。再如，微观世界中的基本粒子，从出生到"衰变"，只有几百亿甚至几万亿分之一秒，运动速度非常之快。世界上没有绝对静止的物体。

"我敬爱柏拉图，但我更爱真理"

这是 2 300 多年前物理学的先驱者亚里士多德说的一句名言。

公元前 324 年，在雅典城的吕克昂学院里，经常可以看到一位 60 多岁的老人，他身边跟随着十多位年轻人，他们有时走在学院的林荫大道上，有时盘坐在学院的草坪上，或静静地交谈，或热烈地讨论一个问题。

老人捋了捋胡须，缓慢地说："运动有两种，一种是自然运动，如落体的运动；另一种是非自然运动，如马拉车的运动。""重物下落……落体的速度是恒定的……重的物体下降速度要比轻的快，一块石头在空气中要比在水中下落得快。"

这是亚里士多德正在给吕克昂学院的高级班学生上课呢。

亚里士多德是柏拉图的学生，他跟随柏拉图学习了 20 年。但是，他并不盲从柏拉图，对自然的研究有他自己的独特看法，著有《物理学》《论生灭》《论天》《天象学》《论宇宙》《动物志》《论动物的历史》《论灵魂》等大量著作。除此之外，在伦理学、政治学、诗歌、修辞学等领域，他也留下了大量的著作。他是一位"百科全书"式的学者。

在 16 世纪以前，亚里士多德被认为是历史上最了不起的思想家、科学家。一些大学教授说世界上所有的科学问题都被亚里士多德解决了。因此，当学生们提出问题时，老师们总是说："看看伟大的亚里士多德的书，在那里有你要找的答案。"学生们只好去查书，把亚里士多德的话当作真理。

的确，亚里士多德在许多科学领域都做出了自己的

雅典学院

贡献，他的学说对西方思想和科学产生了重大的影响，这一点没有其他任何一位古希腊的思想家可以相比。虽然，亚里士多德对真理有着执着的追求，但是，他过于相信自己的直观观察和感性经验，以致他从观察资料中形成的理论有许多错误。

在雅典学院亚里士多德与柏拉图激辩

他上面讲的落体运动的观点只有在物体受到空气阻力时才是正确的。由于亚里士多德显赫的声名，他的思想统治物理学界近 2 000 年。后来，被称为"当代阿基米德"的意大利科学家伽利略向他提出了挑战。这使人们惊呆了，简直不相信自己的眼睛，伟大的亚里士多德错了。从此，更多的人认识到，亚里士多德并不一定完全正确，科学的真理来自于实践。

挑战亚里士多德

宇航员在月球上仿照伽利略作自由落体实验

亚里士多德是古代一位伟大的思想家、物理学的先驱者，曾经很多人认为他的话就是真理。但是，有一个人不这么想，他就是比萨大学数学教师伽利略。

一天，他对亚里士多德的"重的物体要比轻的物体下落得快"的说法产生了怀疑，为了证实自己的怀疑，他跑到当地的一座高塔，将两个重量不同的铁球从高塔上扔了下来，结果是两个铁球

伽利略做有名的斜面滚球（加速度）实验

同时着地。这就是著名的自由落体实验，推翻了亚里士多德的说法。

1971 年，当"阿波罗 15 号"宇航员斯科特刚踏上月球表面时，他就在电视镜头前重复了 300 年前的这个实验，让一根羽毛和一只锤子同时落下。他激动地说，"如果没有伽利略的发现，他就不可能站在这里。月球上没有空气，是自由落体实验的理想场所。"

伽利略在做自由落体实验时，发现物体在下落时，它的速度并不是等速的，而是不断地在加速。在此以前，许多人都认为无论是地上，还是天上，直线等速运动是唯一的"自然"运动。但是，由于自由落体的下落速度很快，难以测量。伽利略就设计了一个斜面滚球实验。他拿来了一根 6 米多长、3 米多宽的光滑直木板槽，将它倾斜放置，让一个铜球从木槽顶端沿斜面滑下，并用水钟测量铜球每次下滑的时间。他先后做了 100 次实验，发现铜球在两倍的时间里，滚动了四倍的距离，而不是亚里士多德所推测的"滚球的速度是均匀不变的"（铜球滚动两倍的时间走了两倍的路程）。

这个斜面滚球实验，就是科学史上有名的伽利略加速度实验，是继他的自由落体实验后的又一个著名的实验，被列为有史以来的十大物理实验之一。在这个实验之后，他提出了惯性和加速度这个全新的概念，以及在重力作用下物体作匀加速运动的全新的运动规律，为牛顿力学的理论体系的建立奠定了基础。

布朗博士的发现

布朗博士是一位英国植物学家。1827 年，他担任了大英博物馆的植物部主任。他十分喜欢观察花粉。但是，花粉太小，肉眼很难看清楚，只有在显微镜下才能看清它们的模样。这一年，他为了观察花粉，买了一台当时最好的显微镜，

能够放大 300 倍，足以使他看清花粉的样子。

一天，他从花园里采来了各式各样的花，并从它们的花蕊上取下了花粉。因为花粉非常轻，遇到一点风，花粉就会被风吹跑。布朗博士就在花粉中稍稍加了一点水，让花粉浸没在水中。然后，他就用显微镜来观察。

显微镜下的一番景象，让布朗博士惊呆了。无数悬浮在水中的极小的花粉微粒，全在不停地颤动着，就像在鱼池边，群鱼争食时，漂浮在水面上的鱼饵一会儿向左，一会儿向右，不停地在变换着方向。

英国植物学家布朗博士

"这种花粉有什么特别的地方呢？"布朗博士一边想，一边拿了几种其他花的花粉，与刚才一样，加上一点水，再将它们放到显微镜下。他看到的情景与刚才的一模一样。"没有运动器官的花粉，怎么会像小虫一样活动起来了呢？"这个问题一直困扰着布朗博士。

后来，他把苔藓弄成很细很细的粉末，把树叶碾成细小的粉末，进行同样的实验，居然也同花粉一样，在水中不停地颤动。布朗心想：是不是一切有机物质的微粒都会在水里运动？他又用煤灰、尘埃和烟灰，甚至博物馆里收藏的岩石标本，如钟乳石、熔岩、浮石、火山灰，以及从埃及狮身人面像上取下的花岗岩碎片等试验，在显微镜下，它们居然也是生机勃勃，不停地乱动。

布朗博士发现的这个现象，很快就传遍了欧洲，但是，没有人能解开

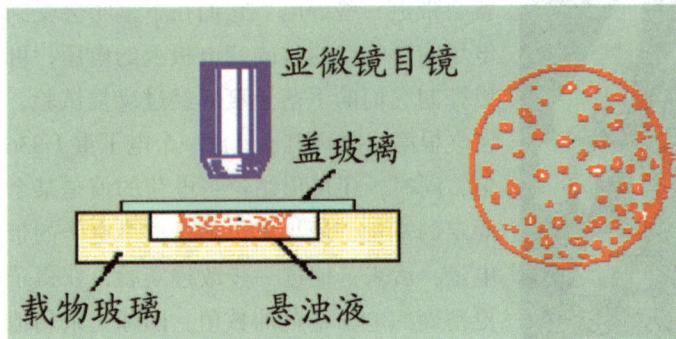

显微镜目镜
盖玻璃
载物玻璃   悬浊液

显微镜下的布朗运动

这个谜团。

30多年过去了，直到1863年，德国科学家维纳对这个现象做出了一个解释：这是浮在水中的花粉微粒，不断地受到周围的水分子的冲撞，时而往这边、时而往那边地乱动。

又过了40多年，爱因斯坦等人提出了布朗运动的理论。一年后，一位名叫皮兰的物理学家，按照爱因斯坦理论在实验中验证了布朗运动。它确实是由水分子推动而引起的。布朗运动的奥秘终于被解开了。

用"一滴"油获得的诺贝尔奖

很早以前科学家就在研究电。人们知道这种无形的物质可以从闪电中得到，也可以通过摩擦头发得到。1897年，英国物理学家托马斯已经得知如何获取负电荷电流。但是，电荷的最小单位是多少，一直是科学家希望知道的。测电荷的量不是一件很容易的事，因为它实在太小了。1909年，美国物理学家密立根巧妙地用油滴测量出了电荷大小。这就是科学史上有名的"油滴实验"。

美国物理学家密立根

他用一个香水瓶的喷头向一个透明的小盒子里喷油滴。小盒子的顶部和底部分别放有一个通正电的电板和一个通负电的电板。当小油滴通过电板之间的空间时，就会带上一些静电。它们在下落时会受到电场的影响，通过改变电板上的电压，可以控制它们的下落速度。经过反复试验，密立根第一次测出了氢比一个电子重1 836倍，同时，还得出结论：电荷的值是某个固定的常量，最小单位就是单个电子的带电量。后来，他进一步改进实验，获得了更精确的电子电荷的数值。国际上采用他测定的数据作为电子电荷这一基本物理量

的国际标准，而且时间长达 10 年之久。同时，他成功地测定了普朗克常数 h。1923 年，为了"表彰他在基本电荷和光电效应方面所做的工作"，密立根荣获诺贝尔物理学奖。

1868 年 3 月 22 日，密立根生于美国中西部伊利诺伊州的一个风光秀丽的小镇莫里逊，他的父亲希拉斯·密立根是公理会的一个穷牧师，他的母亲玛丽·密立根曾担任过一所女子学院院长。

1886 年，密立根考取了俄亥俄州的奥伯林学院，在那儿他学的是标准的古典课程，他进入物理学界完全是一个奇迹。因为当密立根就读于奥伯林学院时，学院正好要找一个给预科学生讲授物理学的老师，结果他因为希腊语学得不错，被希腊语教授推荐担任此职。虽然，密立根当时十分惊讶，认为自己对物理学可以说是一窍不通，但他凭自己的刻苦努力和才干，竟获得了学生和学校的赞许。于是，在密立根于 1891 年毕业后，就留校任教，并继续攻读物理学课程。1893 年获奥伯林学院硕士学位后，他被推荐到哥伦比亚大学攻读博士学位。1896 年，密立根从德国回来后应迈克尔逊的邀请，到芝加哥大学任教。密立根不仅是一位建立起一个学派的科学家，而且是一位优秀的领导者和积极的社会活动家。1953 年 12 月 19 日，他在加利福尼亚的帕萨迪纳逝世。

最近，美国两位学者在全美物理学家中做了一项调查，请他们提名有史以来最出色的十大物理实验，1909 年，美国科学家罗伯特·密立根做的油滴实验位列第三。这项调查结果刊登在美国的《物理世界》杂志上。

能看到地球转动的实验——傅科的钟摆实验

2003 年，科学家们在南极安置了一个摆钟，并观察它的摆动。他们是在重复 1851 年巴黎的一个著名实验——傅科的钟摆实验。

1851 年，法国科学家傅科在公众面前做了一个实验：用一根长 67 米的钢丝从巴黎国葬院的穹顶上一直悬挂下来，下面吊着一个 28 千克重的、上面带有铁笔的铁球。周围观众面对这个巨型的钟摆无不惊讶。在钟摆的下方有一个巨大的沙盘，它的直径达 6 米。随着钟摆的每一次摆动经过沙盘的上方时，钟摆

法国科学家傅科

上的铁笔就会在沙盘上留下它的运动轨迹。令观众们相顾惊诧的是,这只钟摆始终不是按一条直线来回摆动的,在沙盘上画出的轨迹都会偏离原来的轨迹(准确地说,在这个直径6米的沙盘边缘,两个轨迹之间相差大约3毫米)。

如果在沙盘上刻上360度,一段时间后,钟摆的摆动方向会偏转一定的度数。开始,这个巨型钟摆在这个沙盘正中的直线上来回摆动,也就是0度和180度之间摆动。但是,不久它就会在1度和181度之间摆动,继而又在2度和182度之间摆动,3度和183度之间摆动……这就是著名的傅科的钟摆实验,这个钟摆也叫"傅科摆"。傅科告诉在场的观众,"我们看到了地球的转动。"实际上,这是因为房屋在跟着地球的自转在缓缓地移动。在巴黎的纬度上,钟摆的轨迹是顺时针方向,31.8小时一个周期。在南半球,钟摆应是逆时针转动,而在赤道上将不会转动。在北极,转动周期是24小时。我们的地球像一只陀螺,绕着地轴不停地自西向东旋转。地球自转一周需要23时56分4秒平太阳时。于是,我们便有了白天黑夜的轮番交替,日月星辰的东升西落。

实验极为成功,用非常简单的办法,使我们看到了地球的自转,傅科为此获得了法国荣誉骑士五级勋章。

这项实验虽然已经过去了100多年,但是,由于傅科使用了最简单的办法,发现了最根本、最单纯的科学概念,扫除了人们长久的困惑和模糊,更加清晰地认识自然界,它像一座丰碑一样矗立在历史上,因此,直到如今,许多科学家还对他称赞有加,称它为10项最美丽的实验之一。

1819年,傅科生于巴黎。他从小就喜欢动手做试验,最初,傅科学习医学,

傅科的钟摆实验

后来才学习物理学。由于他对物理学做出了许多贡献，因此他获得过法国的骑士二级勋章、荣誉骑士五级勋章等。

禁闭在船舱里的实验

16世纪前，古代人总以为地球是静止不动的，日月星辰是环绕地球运动的。自从哥白尼创立了"日心说"，就改变了这一认识，地球不仅环绕太阳公转，而且环绕地轴自转。我们就像乘坐在一艘巨型的宇宙飞船中，在太空中遨游。这艘宇宙飞船就是我们生活的地球。但是，当时大多数人难以接受这样的说法。因为，他们生活在地球上并没有感觉到地球在运动。如果地球真的在动，地球上的人总会有感觉，就像乘车或乘船的感觉那样。直觉让他们感到，地球在运动是不可思议的。

意大利著名科学家伽利略是当时少数几个支持哥白尼这种观点的人之一。伽利略是喜欢做实验的科学家。他往往会用非常简单的实验，发现重要的科学原理。这一次，他也想做一个简单的实验，让人们了解为什么我们察觉不到地球在运动。

经过反复思考，他终于想出了一个绝妙的办法，可以解释为什么地球在运动，而我们在地球上的人却丝毫感觉不到。

1632年的一天，伽利略找来几个人，与他们一起乘船。他上船后，对船上的驾驶员说，船要开得平稳，速度快慢要均匀，并且还要直线航行。然后，他与几个人就关进了船舱，并把船舱的门窗都封闭起来。过了好长一段时间，坐在船舱里的几个人纳闷起来，船怎么还不开，不知船上的驾驶员在搞什么鬼，要伽利略出去看看。但是，伽利略心知肚明，船早就开航了，只是坐在船舱里的人没有感觉到罢了。于是，

禁闭在船舱里的实验

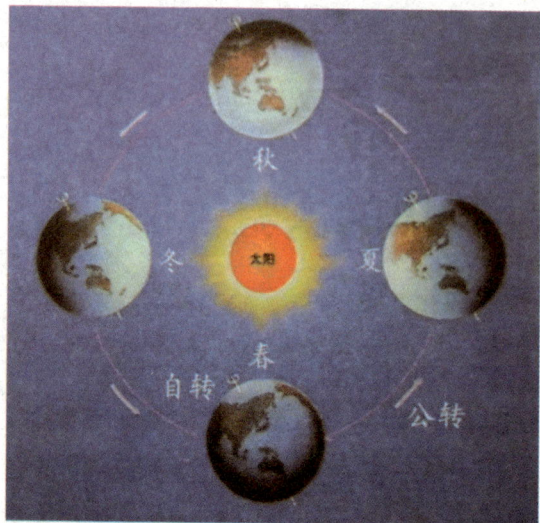

人们是感觉不到地球的公转和自转

他就打开船舱的门，叫他们到船舱外面去看看，果然，船已开了很远。这几个人十分惊奇！伽利略告诉他们，这就像我们生活在地球上感觉不到地球在运动的道理是一样的。坐在匀速直线运动的船上，人的感觉和坐在静止的船上，甚至与坐在岸上一样。只有借助船外的其他物体作参照物，人们才能判断自己的运动。如果船速和船航行的方向在不断地变化，船上的人就会因为惯性的作用而前俯后仰，东倒西歪，这样就能察觉出船在运动。

由此，伽利略发现了运动的相对性原理，人们把它叫做"伽利略相对性原理"。

虽然，地球的公转和自转都不是匀速直线运动，速度时刻都在变化。但是，由于地球的半径太大了，有 6 378 多千米，人们在地球上向前运动 111 千米（赤道上），才会发生 1 度变化，所以根本察觉不出地球在拐弯。地球的公转半径就更大，有 15 000 万千米左右，地球运动 260 多万千米，方向才发生 1 度变化，人们就更感觉不出它在拐弯了。正因为地球的公转和人随地球的自转接近于匀速直线运动，所以我们才觉得地球是静止的。

浴盆中的水流实验

你注意过吗？当你洗完澡，将澡盆的塞子拔掉后，浴盆里的水就会形成旋涡，而且是朝一个方向旋转。据说，住在地球北半球的人家，无论从挪威到阿尔及利亚，从阿拉斯加到墨西哥，或者从新西伯利亚到东京，从澡盆中排出的水，往往都是逆时针方向（左旋）形成的旋涡。但是，在南半球阿根

廷的布宜诺斯艾利斯、澳大利亚西部的佩思、新西兰的奥克兰，情况就会相反，澡盆排出的水，大致朝着顺时针方向（右旋）形成旋涡。如果在肯尼亚的纳纽基，它正好在地球的赤道上，那里的澡盆排出水流，既不向左旋转，又不向右旋转，水流卷不起旋涡。

这一现象引起了科学家的兴趣。但是，在日常生活中，由于澡盆中的水流会受到其他情况的干扰，也会出现不同的结果。1962 年，美国麻省理工学院机械工程系主任谢皮罗教授

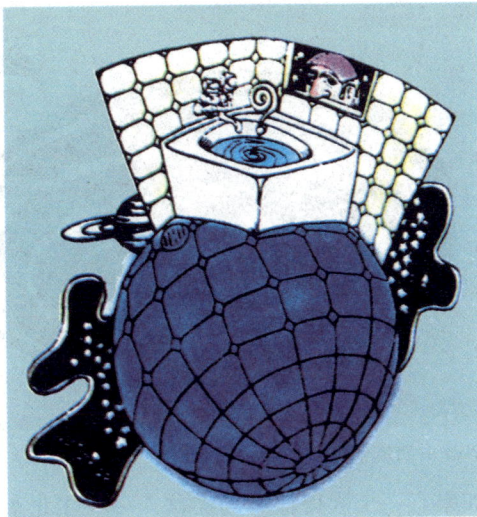

北半球的漩涡方向

想用一项更为严格的科学实验来验证这一自然现象。他在美国麻省的水城进行这项实验。他用了一个直径 1.8 米、深 15 厘米的巨大容器，在它的中间开了一个直径 1 厘米的小孔。为了防止受到其他因素的干扰，他在实验前 24 小时就把水放好，并采取了各种措施，不让水受到阳光的直接照射，以免水温升高；不让周围的风吹到水面，以免影响水的流动等。

实验一开始，水立刻顺着逆时针方向旋转流出，也就是说地处北半球。这项实验结果还发表在专门的科学杂志上。

两年后，英国的比尼博士进行了一项类似的实验。这项实验开始进行得很不顺利，但最后还是做成了。比尼博士一共做了 15 次，每次水都是逆时针方向形成旋涡。

之后，澳大利亚的科学家对这项实验也深感兴趣。他们在地处南半球的澳大利亚悉尼进行实验，结果排出的水是顺时针方向形成旋涡。

接着，科学家跑到了非洲肯尼亚的纳纽基去做这项实验。他们在澡盆里撒上一些有色纸片。然后，拔去塞子，这些纸片没有朝那个方向旋转，而是直接被吸进了排水孔。

这项看似游戏的实验，为何会吸引美、英、澳等国的科学家，乐此不疲，一而再地反复进行这项实验呢？

其实，这项实验关系到自然界的一条普遍原理，就是涉及地球的自转。

浴缸中的漩涡

我们知道，地球是圆的，站在地球不同地方的人，他脚下的大地移动的速度是不一样的，如站在赤道上的人，他脚下的大地以每小时 1 600 多千米的速度向东移动，而站在北京的人，他脚下的大地以每小时 1 000 千米的速度向东移动。两者的速度每小时要相差几百千米。

如果有一个大得惊人的澡盆，一头在北京，另一头在赤道上，那么，澡盆南边的水会比它北面的水流动得快一点。所以，一旦把塞子拔去，澡盆中的水就会按逆时针方向旋转起来。

美、英、澳等国的科学家进行实验的目的就是要说明地球的自转。

怪坡探秘

小朋友，你见过 "车往坡上滑，水往高处流" 的奇景吗？世界上真有不少这样神奇的地方。

在距离沈阳 30 千米的郊区有一处地方，一次，有一辆面包车经过这里，司机下车小憩了一会，回去发现熄火的面包车从坡底 "滑行" 到了坡顶。这条坡道长约 90 米，有 1.85 度的坡度，坡道平坦，两边长满小草。但是，汽车下坡要加大油门，而上坡可以熄火 "滑行"。骑自行车也是下坡要使劲蹬，上坡却要扣紧车闸，慢慢骑行。人走在坡道上也是上去省力，下来费劲。

后来，在北京的八达岭也发现这样一段坡道，自从建了高速公路后，发现一到下雨的时候，雨水就往坡上流，坡下从来不会积水。

我国很多地方都有这种 "怪坡"，如新疆南疆的克孜勒苏柯尔克孜自治州境内的乌恰县，甘肃南县的戈壁滩上，黑龙江五大连池市最大的休眠火山口黑

龙山山脚下，山西太原太古路中的大卧龙村旁，北京海淀区北安河乡的阳台山山脚处，山东济南市东南外环路上的一段，西安秦始皇兵马俑博物馆东南面，台湾的台东县东河乡的"都兰"旅游区等。世界各地也有多处"怪坡"，如南美乌拉圭的巴纳角地区，韩国的济州岛，美国犹他州的一个被人们称为"重力之山"的一段山坡。

怪坡——上去容易，下去难

"怪坡"的奇特现象，不仅使游客好奇，也使科学工作者产生了浓厚的兴趣。难道，它真的是一种违反常规的现象吗？

1994年1月，几名科技人员来到了沈阳"怪坡"现场。这是一座坡度平缓的小山，名叫"响山"。从山脚沿着一条道路上到山腰，前面的一段路就是有名的"怪坡"。他们站在"怪坡"的起点向前望去，的确感到是一段下坡路。驱车前行20多米之后，确实有"下坡"费力之感。转过头来再往回走，车果真开始滑行，有自动"上坡"的感觉。后来，他们取出了测量仪器，开始对这段坡道进行测量。结果真相大白：这段看上去的下坡路，实际上仍是一段上坡路。不过比它前后两段上坡路的坡度平缓得多罢了。"怪坡"并没有违反自然规律。

那么，为什么我们会产生这种错觉呢？

我们知道，定位离不开一个参照物，"怪坡"处于两段陡坡之间。从一端往前看，迎面是山。从另一端往后看，是路面和天空的交界线。加上四周全是倾斜的山坡，找不到一个可以作为基准的水平面。这就很容易引起我们视觉上的误差，所以"眼见未必为实"。

2003年12月28日，北京的测量专家对八达岭附近的一段"怪坡"也进行了实地测量，发现那里的"坡底"的高度比"坡顶"要高出4.7米，"水往坡上流，车往坡上溜"也就顺理成章了。"怪坡"景观正是因为人的视觉误差造成的。这与它周边的地形有关，它东侧的山路是由南向北逐渐升高的，两者的距离越拉越大，使本来南低北高的路面让人有了下坡的感觉。

"怪坡"之谜终于真相大白了。

滚动的瓶子

伽利略用简单的斜面做的物体加速度实验，是他继比萨斜塔上的自由落体实验后的又一个非常著名的实验。在这个实验中，伽利略发现在斜面上小球的滚动速度的快慢与它们的重量无关，而是与斜面的高度（也就是斜面的角度大小）有关。那么，两个相同重量的物体从斜面上滚落下来，速度是否一定相同呢？下面一个小实验，也许会让你出乎意料。

将一块长方形木板的一端用几本书垫高，另一端放在桌面上，成为一个斜面。找两只相同质地、同等大小、重量相等的圆玻璃瓶子，分别装入等重的细沙和清水，盖上瓶盖。为防止瓶子滚动时水或沙子从瓶中漏出，可以在瓶口处沾上少许蜂蜡。

现在，我们把两只瓶子放在木板的高端，同时让它们向下滚动。照理说，两只瓶子的重量是相同的，又在同一块木板的同一高度上同时滑下，那么，两只瓶子受到的外部环境（包括摩擦阻力等）的影响应该是一样的，下滑的速度也应该是一样的，应该同时到达桌面。但实际上，你会发现，装水的瓶子将比装沙子的瓶子提前到达桌面。这是为什么呢？

实际上，尽管两只瓶子受到的外部环境的影响是一样的，但是由于两只瓶子内部装的东西不同，沙子与内壁的摩擦力要比水对瓶子内壁的摩擦力大得多，同时，沙子之间的摩擦力也比水之间的摩擦力要大，这些摩擦产生的热能将会影响瓶子下滑的速度。结果造成装沙子的瓶子要比装水的瓶子下滑得慢，最后是装水的瓶子先到达桌面。

装沙粒的瓶子

倔强的陀螺

"有个哲学家总是在孩子们玩耍的地方遛达来遛达去。只要看到一个有陀螺的男孩，他便潜伏起来。还没等陀螺转起来，这位哲学家就盯住它准备抓住它。孩子们大叫大嚷，竭力不让他挨着他们的玩具，他可不理这些，只要陀螺还在转，他就抓住它，他十分高兴，但只是很短暂的时间，然后他便将它扔到地上走掉了。他认为，认识每一件小东西，比如说认识了一个旋转的陀螺，就足以达到普遍的认识，所以他从不研究大问题，他觉得那样不经济。如果这最小的小玩意儿被真正认识了，那也就认识了一切。因此，他只研究旋转的陀螺。只要有人准备转陀螺，他就有希望，就能成功，陀螺一转起来，他就觉得那希望上气不接下气地跑向他，变成了确信无疑，他却将那件无聊的木头玩意儿抓在手里，他觉得厌恶，孩子们的叫声，他在此之前一直没有听到，此时却突然钻进他的耳朵里，将他赶走了，他就像在一支笨拙的鞭子抽打下的陀螺跌跌撞撞地走了。"这是奥地利著名小说家卡夫卡对陀螺的一段表白。

陀螺，小朋友对它并不陌生。小时候，我们都曾经玩过。陀螺在宋朝时就已经有了，那时叫"千千"。它是一个直径4寸的、用象牙制作的圆盘，当中有一根1寸长的铁针。用手拧转这枚铁针，它就会在桌面上旋转起来，快停时只要用衣袖拂动它一下，它又会继续旋转下去。当时，它是宫中的一种玩具。

"陀螺"一词最早出现于明朝。它是否从宋朝的"千千"演变过来，已无从考证，但在明朝，陀螺已成为儿童的玩具。据记载，当时的陀螺是木制的，实心而无柄，用绳子

倔强的陀螺

用陀螺仪保持车身平衡的赛格威车

绕好了，一抛一抽，陀螺便在地上无声地旋转起来。当它缓慢下来时，只要用绳子鞭打它，它便可转个不停。这种玩法一直传到现在。

陀螺静止的时候，是立不起来的。但当它旋转起来后，就会很稳地站立起来。陀螺有一个很倔强的"脾气"，一旦它旋转起来，就保持旋轴的方向不变。科学家称它为"定轴性"。高速旋转的陀螺，这个特性更明显。即使地面上高低不平，或者在斜面上，它也能"稳如泰山"。

科学家发现陀螺的这个"脾气"，除了作为儿童玩具外，在科学上还有其他用途。如果事先将它的轴对准一个方向，然后让它高速旋转。这样，不管外面发生什么样的变化，陀螺的轴总是指向原来的那个方向。

1810 年，德国科学家博南贝尔格做了一个陀螺仪，他将一个橘子形的金属球安装在一个金属圆环的内侧，球可以在金属环内自由转动，再将金属环安装在与它成直角的第二个金属环中的旋转轴上，然后，把它们一起安装在第三个金属环的旋转轴上。金属环中的金属球可以在任何方向旋转。

1836 年，科学家兰格曾想用陀螺仪来证明地球的自转，但最后没有成功。

1852 年，在英国利物浦进行公开的陀螺实验，它像地球自转那样的独立运动，人们对此无不惊叹。

但是，真正应用陀螺来指示方向的，是在 1889 年，奥地利军官奥波里首先将它安装在鱼雷上了，用它来控制鱼雷航行的方向。1904 年，德国发明家安许茨将它装在潜艇上。由于磁罗盘在北极失去了作用，而陀螺罗盘在极地也能照常工作，所以航海陀螺罗盘在北极探险中起了很大的作用。初期的陀螺仪，由于旋转环转不了几下就要停下来，实际应用有限。直到 1906 年，人们用电动机使旋转环可以不停地旋转，陀螺仪不仅可以用于船舶的操纵，而且用于飞机航行的控制。今天，在火箭的飞行中也少不了陀螺仪。

"被中香炉"

香炉，又叫"薰球"，是古代用来熏香衣被和在被中取暖的一种器具，如果随身携带用来取暖，也叫"手炉"。现在，只有在博物馆中还可以见到它们。但是，在古代，那时房里没有空调，尤其是在寒冷的冬天，常常可以看到人们提着一个手炉在取暖。

在《红楼梦》中有这样一段描写"那凤姐家常带着紫貂昭君套，围着那攒珠勒子，穿着桃红洒花袄，石青刻丝灰鼠披风，大红洋绉银鼠皮裙，粉光脂艳，端端正正坐在那里，手内拿着小铜火箸儿拨手炉内的灰。"

在古代，"手炉通常都是达官贵族、富贵人家女子所用的掌上之物。"放上几块炭，将女儿家的小手、怀抱统统温暖，却不会放出一点烟气熏到小姐。

手炉的制作工艺也非常精致，手炉盖上镂空雕刻着各种图案，炉身也是满身刻花，炉底及提梁处有作坊或人名款识。

被中香炉

但是，香炉里头放入火炭或香料，点燃后，万一侧翻，就会酿成火灾，十分危险。在距今2 000多年前的汉武帝时期，在当时的京城长安有一位能工巧匠，名叫"丁缓"。他制造了一种"卧褥香炉"，又名"被中香炉"。这种香炉与一般的手炉不同，香炉中的炭火或香料在点燃后，放在被褥之中，随意滚动香炉，香炉中盛放炭火和香料的容器能始终保持水平状态，不会倾翻，这样香火也就不

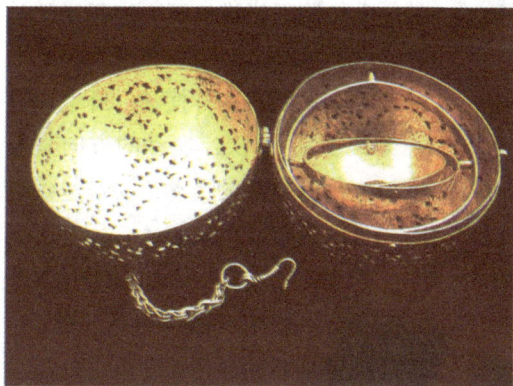

香炉的内部结构

会倾撒出来烧毁衣被。

1963 年，考古工作者在汉唐的古都西安安沙坡村发现了好几个这种 "被中香炉"。有一个是银制的 "被中香炉"，高约五厘米，呈球形。外壳由两个半球组成，壳上镂空雕刻着精美的花纹，香气可从花纹间的空隙中散发出来。球壳内部装有大小两个环，大环装在球壳上，小环套在大环内，两个环的轴相互垂直。放置香料的金碗装在内环上，金碗的轴与两个环的轴都保持垂直。由于这三根轴互相垂直，不论香炉的外壳如何滚动，置放香料的金碗在重力的作用下，始终保持水平状态。

这种构造与现代陀螺仪中的万向支架完全相同！意大利科学家达·芬奇也曾提出过类似的设计，但是，他比丁缓晚了 1 600 年。

痰为什么能从气管里出来

痰是由气管表面的黏膜细胞分泌出来的一种黏稠液体，附着在气管表面，它可以黏着进入气管中的灰尘，不让灰尘吸进肺里，对人体的肺部起到一定的保护作用。当气管中的灰尘积存太多时，人们就会咳嗽，把痰从气管中吐出来。那么，痰是怎样从气管里吐出来的呢？

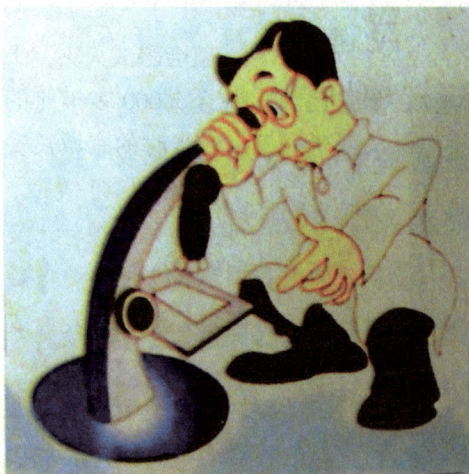

在显微镜下看痰的涂片

在气管的表面有一层黏膜，黏膜中不仅有分泌黏液的细胞，还有一种纤毛细胞。当进入气管的灰尘被黏在黏液的表面上时，无数纤毛细胞上的纤毛会像波浪一样摆动。纤毛每秒钟大约摆动 10 次，摆动的方向是不变的。由于纤毛的运动，痰被送到喉管，再从嘴中吐出来。

痰既然是一种黏稠液体，为什么它不会倒流回去呢？是的，如果痰是像糖浆那样的液体，靠纤毛的摆动是很难将它运出气管的，恐怕你怎么

咳嗽也不能把它咳出来，它也会像一般的液体一样倒流回气管里去。

那么，痰与一般的黏液有什么区别呢？

1969 年，有人对痰进行了精确的测量，发现痰不仅有黏性，而且有弹性。正是由于它的弹性，使它具有固形性（就像固体一样不会发生流动）。但它又不像固体那样，一直具有固定的形状，有时候也会流动。科学家测量出了它的固形性的保持时间，大约在 100 秒钟。

痰带有病菌，不可随地吐

当外力作用它的时间超过 100 秒，它就像液体一样可以流动；如果它受到的是瞬间（100 秒之内）作用，它又会像橡胶一样成为弹性体，不会流动。痰从气管里咳出来一般不会超过 100 秒。因此，痰虽然是黏液，但对于纤毛来说，它不是液体，而是像橡胶那样的弹性体。在 100 秒钟之内，它不会流动。痰在气管里就像是一块橡皮一样，纤毛以每秒钟摆动 10 次的速度将它运走。

有趣的漂流瓶

漂流瓶

2002 年 11 月 23 日，青岛新世纪学校的王璨同学和他的弟弟在海边玩耍，他们一会儿赤着脚追逐海浪，一会儿堆沙丘、捡海螺。王璨突然发现在被海水洗刷过的沙滩上躺着一只亮晶晶的小瓶子。她打开瓶盖，看见里面有一张用英语写的纸条。回到家里，她把捡到瓶子的事告诉了妈妈。懂英语的妈妈告诉

从美国来的漂流瓶

她，这是一只漂流瓶，纸条是一个美国小学生写的，意思是"亲爱的陌生人，我们班读了《漂流瓶》的故事，我非常希望你能给我们回信。"

第二天，王璨就给美国小朋友写了回信，告诉美国小朋友她收到了漂流瓶。

又过了一个月，王璨收到了 17 位美国小朋友寄来的回信，祝她圣诞快乐。这件事不仅在青岛被传为佳话，而且美国当地的报纸上也介绍了这件漂流瓶传友情的事。

用漂流瓶传递信息是古代远洋航行的一种重要通信手段。在古代，渔民和海员很早就知道在海洋中存在着像陆上的河流一样、终年沿着比较固定的路线流动的海流。在无线电通信发明以前，远航的海员把写好的密信装入椰子壳或其他容器中，然后将它扔入海中，依靠海流把它带到远方。但也由于当时人们对海流的认识不足，方向出现偏差，漂流瓶未能送到对方的手中也是常有的事。

1498 年，航海家哥伦布在航行途中，给西班牙国王和王后写了一份报告，将其装入一只椰子壳中，然后扔入海中，结果这份报告并没有能到达国王手中，却在一个荒凉的海滩上呆了 358 年，直到 1856 年才被人们发现。

今天，虽然通信已经十分发达了，但是漂流瓶在研究海洋科学中依然大有用武之地。1962 年 6 月，在澳大利亚的皮尔斯投放了一批漂流瓶，大约经过 5 年，在美国东海岸的佛罗里达州的迈阿密发现了它的踪迹。估计它的流程达到 21 000 千米。

现今，漂流瓶还成为了传达友谊的工具。中国首次北极科学考察队的一名队员用装矿泉水的塑料瓶制作了 50 个漂流瓶，考察船从上海启航以后，每隔一个纬度就向大海中抛下一个漂流瓶。最后 1 个将安放在北极海冰上，美国阿拉斯加、俄罗斯西伯利亚以及欧洲等地沿海居民和游客，有可能捡到他扔下的漂流瓶。在瓶中的信中写有每个漂流瓶的编号、投放人、投放时间、地点以及联系地址等，还制作了 100 个"纪念邮封"。其中一半装入瓶中，一半他自己留存。信封上有一行用中英两种文字书写的"中国首次北极科学考察暨雪龙号首航北极纪念"字样。他希望能够在十年或者二十年之后，会有人收到他的漂流瓶，

并和他联系，"大海是一个不负责任的邮递员，漂流瓶被捡到的可能性很小。"但是，一旦它被人捡到，不仅具有很高的收藏价值，而且有一定的科学研究意义，因为漂流瓶的踪迹可以帮助科学家研究海流的运动规律。

流沙，死亡的陷阱

　　奥基乔比湖是美国境内仅次于密歇根湖的第二大淡水湖，位于佛罗里达州。在它的南面有一片长约 160 千米、宽 80~120 千米的大沼泽地，几乎占据了佛罗里达州南部的大部分地区。在这片大沼泽地里，大部分地方都覆盖着一种叫"锯齿草"的芦苇。沼泽地中间有许多小岛，岛上长满各种植物，如桃花心木、棕榈、蕨类、兰花、秋葵等，生长得像热带丛林一样茂密。沼泽中，野生动物资源也极为丰富，有 300 多种鸟类，还有巨龟、蛇、鹦树蛙和海牛，最著名的动物是短吻鳄。

　　有一年夏日早晨，生物系的两个大学生来到这里考察野生植物。这里丰富的野生植物深深地吸引了他们的眼球，对于脚下即将出现的灾祸完全没有防范。突然，走在前面的一个大学生惊叫起来，他的双脚陷入了流沙中，他本能地挣扎着向前迈了几步。可是没想到，他被陷得更深，沙像软泥一样迅速将他的双膝掩埋住了。他大声呼救"快来救我！"另一名大学生意识到问题的严重性，赶快找来了一根树枝，但这时，那个大学生已经被沙掩埋到了胸部，他已经无力伸出手来，瞬间被沙吞没了。

　　看似平静的沙地，其实隐藏着危险，一旦陷入将无法自拔。流沙为什么那么可怕呢？

　　这一现象引起了一个叫史密斯的地质学家的注意。他到了一个有流沙的地方，表面看来这里与一般的沙地没有什么两样，但是，往里扔下一块石头，沙就立刻颤动起来，顷刻将石头吞没了。

陷入流沙

他听这里的农民说，"有时这里的沙很结实，在8月份，可以放心地在上面跳舞。"史密斯决定带一些沙回去做实验。他用一只大桶装满了沙，再在桶边装几个水管，可以往桶里灌水。他又做了一个小孩模样的玩偶，在里面灌了铅，重量与真人相仿。

他发现，桶中的沙是干燥时，玩偶在沙上无论是站着还是躺下，留下的印痕是很浅的。如从上面往沙上灌水，玩偶也不会被沙埋没。但一旦水从下面灌入，玩偶就会下沉，被沙掩埋，就像那个大学生一样。

流沙"吃"人的秘密终于被史密斯揭开了。

水流与小船，哪个速度快

现在，漂流运动正在世界各国兴起。它带给人们一种自由、浪漫和刺激，使人难以忘怀。一条蜿蜒流动的河流，延伸在峡谷坚硬的腹部，人们坐在小小的橡皮艇上，迎面而来的是一种惊险、与自然的搏击，最后是"有惊无险"的轻松。人们驾着无动力的小舟，在时而湍急、时而平缓的水流中顺流而下，工作的烦闷、生活的压力荡然无存，给人一种全新的感觉。

在漂流中，你觉得小船和流水哪个速度会更快一点？

有人会认为，在河里漂流的小船，没有帆，没有桨，也没有动力，它的动力主要来自河水的流动，那它的速度应该与水流的速度一样。

初听这种说法很有道理，漂流的小船不会比水流的速度慢，也不会比水流的速度快，只能是一样的速度。

但是，这种看法是错误的，漂流的小船要比携带它的水流速度要快。水流携带小船漂流，与传送带传送东西不同。因为河水的流动是由于两地的高低落差造成的。如果两地一样高，

小船的速度比水流快

水就不会流动。因此，河水表面是倾斜的，小船沿着河面漂流，就像一辆小车从一个斜面上滑下来一样，会产生加速运动，但水流由于受到河床的阻力，仍然保持匀速运动。具有加速度的小船的速度就一定会超过水流的速度。当然，它的速度增加到一定速度时，由于水对小船的摩擦力，使小船的速度不再继续加快。

　　这种情况与物体从空中落下的情况相似。物体从空中落下，由于重力加速度，使它下落的速度不断增大，但因受到空气的阻力，它的下落速度就不会一直增大下去。

小草为什么会顶破沥青路面

　　我们走在漂亮的农村沥青马路上，有时候会发现，在沥青马路上会有一棵小草在迎风摇曳。咦！沥青马路上怎么会长出小草来。原来，小草是从沥青马路下面的土层中冒出来的。小草竟然可以将沥青路面顶破？

　　其实不然，并不是小草将沥青路面顶破的，而是沥青路面自己断裂开来的，让小草从它的裂缝中冒了出来的。沥青是一种"可以流动的固体"。沥青路面对来往的车辆和行人无所顾忌，这是因为它们对沥青的作用都是短暂的，沥青路面对它们来说就像是固体一样坚硬。但是，对小草就不一样了。小草是一点点长大起来的，沥青路面却成了像液体一样的东西了，因此小草能够把沥青路面"推开"。

　　不仅沥青是这样，还有许多看似固体的东西，也会像沥青一样，时间长了就会发生流动。英国物理学家瑞利曾经对玻璃做过一个实验：他拿了一块35厘米长、1.5厘米宽、3毫米厚的玻璃，两头用两个支架将玻璃支起来，在玻璃上放一个6千克重的东西。从1938年4月6日至1939年12月31日，这块玻璃放置了一年零八个

沥青路面上长出的一枝小花

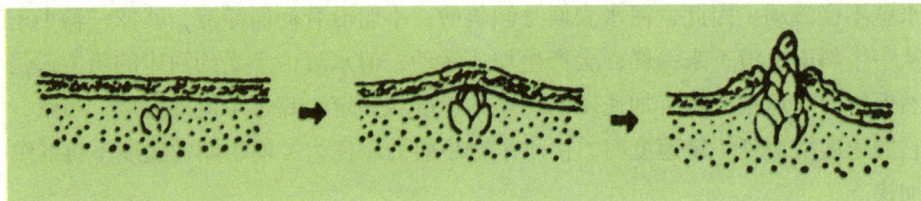

小草渐渐从路面顶出

月后，取下重物，结果玻璃中间向下弯曲了0.000 6毫米，也就是说玻璃发生了"流动"。尽管，这"流动"十分缓慢。

在自然界中，这种固体的"流动"现象随处可见。在阿拉斯加山和欧洲的阿尔卑斯山谷间，冰川慢慢地向下流了数千年。冰川的流动现象在许多国家（包括我国在内）都可以见到。还有岩石的流动。

所以说，流动不仅发生在液体和气体上，世界上几乎所有的东西都会或多或少地发生"流动"，只有水晶和金刚石接近于完全固体。

现在，有一门专门研究物体"流动"的学问，叫"流变学"。它是一门边缘学科，与物理、化学、生物学、工程学、农学等均有关系。

从龟兔赛跑谈起

龟兔赛跑是一个家喻户晓的故事，小时候，听爸爸妈妈讲，自己大了，又讲给自己的孩子听，代代相传。

龟兔赛跑

有一天，乌龟和兔子在一起玩，兔子提出要和乌龟赛跑，看谁跑得快。乌龟毫不妥协，愿意与兔子一比高低。赛跑一开始，兔子遥遥领先，不见后面乌龟的影子，它就在半路上睡起觉来。等它醒来，跑到终点，乌龟早早地等在了那里。这个故事告诉我们不要骄傲，骄者必败。

那么，乌龟当真能胜利吗？

乌龟的爬行速度大约是每小时 70 米，兔子的速度是它的 1 000 倍，每小时 65 千米。如果它们赛跑的距离是 1500 米。兔子不到 1 分半钟就可以跑到终点，乌龟则需要 21 小时才能跑完全程。即使兔子在中途睡上 15 小时，它到达了终点，乌龟还要过 6 小时多才能到达。

我们人跑的速度也比不上兔子快，一个优秀的运动员跑完 1 500 米，大约需要 3 分多钟。普通步行的速度大约是每秒钟 1.5 米。

乌龟、蜗牛是行动缓慢的动物，他们的速度要用每秒钟几毫米来计算。乌龟的速度是每秒钟 20 毫米，这还算快的哩！蜗牛每秒钟只能行进 1.5 毫米，确实可以算得上行动最缓慢的动物。但也有行动十分敏捷的动物。苍蝇每秒钟可飞行 5 米，老鹰的速度更快，每秒钟可以达到 24 米。猎狗比老鹰更快一点，达到每秒钟 25 米。人要追上它们，只有一个办法，就要借助人类自己发明的机器。火车的速度可以达到每秒钟 56 米，比猎狗的速度足足快了 1 倍多。飞机的速度就更快了，每秒钟可以达到 250 米，是猎狗速度的 10 倍。但是，它们与地球公转的速度相比，简直是小巫见大巫。地球公转的速度是每秒钟 30 000 米。

吹牛大王的故事

18 世纪，德国汉诺威有一个庄园主叫敏豪森男爵。他曾在军队中服务过，生性幽默，擅长言谈。他从军队中退伍回到德国后，编了许多离奇古怪、异想天开的冒险故事，并讲给人们听。有一则"怎样骑炮弹飞行的故事"，听了一定会让你发笑。

"有一次，一个地方正在打仗，元帅需要了解城堡内部的一切部署。如果要穿过所有的哨所、卫兵和城堡工事，然后进入城内，

空中激战

空中抓子弹

那简直是难上加难，也许是根本不可能的……为了完成这一任务，我素来胆识过人，所以见到身旁那门大炮，正瞄准着敌人的城堡点火，便从容不迫地走上前去，又嚯地一下子，跳上了刚发出去的那颗炮弹上。我的目的，无非是让它把我带进敌人的城堡里。但是，在天空中飞到一半时，我不禁思潮澎湃，感到这并非儿戏！嗯，我心想，现在我去是一路平安，可是过后又怎么回来呢？我在敌人的城堡中将会有怎样的遭遇呢？他们将会把我当作间谍认了出来，然后放在绞架上活活吊死。这种荣誉的温床我是不敢领教的！经过反复推敲，我当机立断，这时从敌人的城堡上，恰巧飞来一发打到我们阵营中的炮弹，在离我没几步的时候，我看这是一个绝好的机会，便从自己的炮弹上纵身一跃，骑到了那颗炮弹上，我虽然是徒劳往返，但却也平安无事，重又回到了自己的可爱大地上。"

后来，有人将他的故事编成一本书，就叫《吹牛大王的故事》。

敏豪森从一发炮弹上跳到对面过来的一发炮弹上，显然是吹牛。因为，这两颗炮弹飞行的方向不是同方向。但是，在空中抓住子弹的事情也确曾有过。

第一次世界大战时，有一名法国飞行员正在2 000米高空飞行，突然感到脸旁有一个东西在飞行，他以为是一只小虫，就用手去抓。他很敏捷地把这个小东西抓到手里。一看，他惊呆了，原来不是小虫，而是一颗险些要了他的命的子弹。这个看来与吹牛大王的故事一样离奇，但它是可能的。

我们知道，子弹刚离开枪口时的速度是每秒800~900米，但由于空气的阻力，子弹的飞行速度会逐渐慢下来，在它跌落之前的速度只有每秒40米，相当于每小时144千米，那时飞机的最高飞行时速已经可以达到每小时200千米左右。因此，当飞机跟子弹飞行的方向相同时，这颗子弹对于飞行员来说，就相当于静止不动的，或者只是稍微有些移动，飞行员顺手就可以把它抓住，这也就不奇怪了。

宇宙是浩瀚无垠的。宇宙究竟有多大？整个宇宙要比可见宇宙大得多。由于宇宙十分庞大，它的范围已经不是几千米、几十千米，甚至几亿千米可以度量的。天文学家测量宇宙的大小是用"光年"这把"尺子"，即光在一年里所走的路程，大约为 9.7 万亿千米（光速为每秒 30 万千米）。银河系的直径约为 10 万光年。银河系之外的星系，有的距离我们有几十亿光年。最近发现的类星体是我们目前所能观测到的宇宙边缘，与我们相距约 100 亿~200 亿光年。它们是我们迄今所知的最遥远的天体。

对我们常人来说，如此遥远的距离令人难以想象。

90 年前，大多数天文学家认为银河系就是整个宇宙，银河系之外什么也没有。可是，当精确度更高的天文望远镜诞生以后，这种看法便被证明是错误的。过去观测到的那些暗淡模糊的斑点，其实就是星系，有的与银河系不相上下，有的则更庞大。20 世纪 20 年代，美国天文学家埃德温·哈勃在加利福尼亚州的威尔逊山上，用当时世界上最大的反射式望远镜研究银河系外星系。他发现星光中的各种谱线的波长都移向红色一端。这种现象叫做红移，说明那些星系正在远离我们而去，就像疾驶而去的汽车喇叭声调的变化一样，是一种多普勒效应。由于宇宙在不断膨胀，星系距离我们越来越远，红移也就越大。根据红移的大小，可以计算出宇宙膨胀的速率。

根据宇宙膨胀的速率，天文学家保守估计，宇宙中最遥远的天体距离地球约有 100 亿光年。也有的天文学家认为宇宙边缘距离地球有 200 亿光年之遥。

哈佛大学天文学系主任罗伯特·柯什纳等认为，宇宙并不年轻，可能有 150 亿年。杰奎琳·休特和她的学生们以及普林斯顿大学的埃德·特纳则测定宇宙的年龄在 240 亿年。

总而言之，时至今日，宇宙有多大这个问题还未能解决。

探索宇宙

倾听太阳的"心跳"

人体内有一个心脏，在不断地、有规律地跳动着。1960年，美国天文学家莱顿发现，太阳表面的气体也在有规律地涨落，一会儿向外扩张，一会儿向内收缩，就像人的心脏在不停地跳动一样。它每膨胀和收缩一次，大约5分钟。比起人的心脏，它的跳动速度要慢许多倍。后来，科学家进一步发现，太阳还有别的周期性变化。例如，前苏联天文学家发现，太阳表面有周期为160分钟的振荡。就是说，太阳的"心跳"比人的心跳更复杂、多样。

太阳为什么会产生"心跳"？科学家们很想知道其中的奥秘。太阳是个硕大无朋的天体，由氢原子、氦原子等物质组成，并不断地进行着核聚变反应。所谓核聚变反应，就是由轻原子核聚合成较重的原子核，同时释放出巨大的能量。例如，氢原子核与氢原子核相聚合，变成一个氦原子核，同时释放出惊人的能量。由于太阳内部的原子核聚变反应有一定的周期，引起太阳内部的重力、磁力、气体压力等也发生周期性的变化，从而形成了太阳表面周期性的膨胀和收缩。总之，太阳的"心跳"是由太阳内部的物质变化所造成的。但是，对于太阳内部周期性变化的详细规律，目前还不清楚。

太阳的"心跳"告诉我们，太阳的活动是有规律的。科学家想到，太阳的"心跳"有可能成为人们认识太阳活动规律的一种手段，就如中医通过把握人的手腕上脉搏的跳动，可以认识人的内脏的活动和身体的状况一样。科学家相信，通过对太阳"心跳"的研究，有可能揭开太阳内部的结构和它的运动规律。

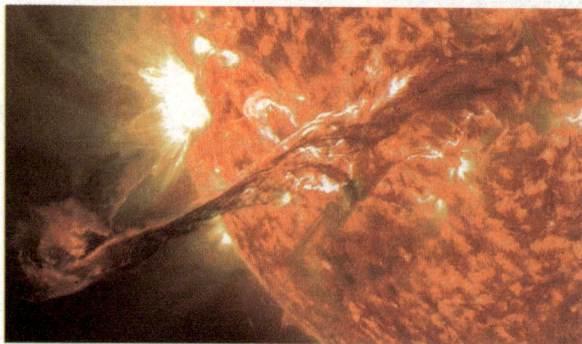
太阳的强烈"心跳"

寻找太阳系第十颗行星

自 1930 年，美国天文学家汤博发现冥王星之后，人们就已经知道，在太阳系里已有九大行星。那么，在冥王星外面是否还会有第十颗行星呢？

这个问题吸引了无数的天文学家和天文爱好者，近年来，偶尔也有些石破天惊的关于发现第十颗行星的消息，然而由于证据不足，都没有得到承认和肯定。它对于今天的人们依然是个悬而未解的谜。

远处的亮点为"赛德娜"星

2004 年 3 月 15 日，美国宇航局宣布：美国天文学家在距离地球 130 亿千米远处发现了一个类似行星的天体，体积约相当于月球的一半，有些专家已把它称为太阳系的"第 10 颗行星"。美国天文学家把它命名为"塞德娜"。塞德娜是美洲北部土著居民因纽特人传说里的海洋女神，或许可以译成"海女星"。

这颗"新"行星的直径只有 2 000 千米，比冥王星的直径 2 300 千米还要小，离地球比冥王星远 3 倍。因此，它是太阳系里最远的天体。这个天体一半是红色的石头，一半是冰。

自发现塞德娜之后，天文学家们对于它的行星身份发生了很大的争论，包括中国天文学家在内的许多天文学家不承认它是一颗行星，就像冥王星在它被发现 74 年后仍有争议一样。

如果正像有的天文学家认为那是一颗行星的话，那么，我们的地球又将增加一个新的近亲。

真有"涅墨西斯星"吗

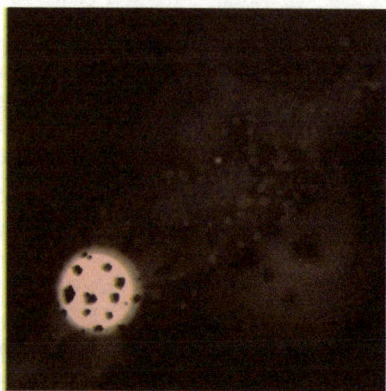
艺术家笔下的涅墨西斯星和太阳

"涅墨西斯"在希腊文中是"复仇"的意思，希腊神话故事中有一个冷酷无情的复仇女神，就叫"涅墨西斯"。很多人都相信在太阳系的边缘有一颗"涅墨西斯星"，人称"死亡之星"。

所谓"死亡之星"是产生于20世纪80年代，科学家在研究物种大灭绝的时候引出了一个概念。他们相信灾难性事件会呈周期性发生，在过去的2.5亿年里，每隔2 600万年就会发生1次。一些科学家认为，太阳的"伴星"是导致周期性灾难事件的原因之一，这个伴星或许是距离太阳1~1.5光年的一颗红矮星或者褐矮星，它的公转周期为2 600万年，在经过奥尔特云带时，干扰了彗星的轨道，使数以百万计的彗星进入内太阳系，从而增加了与地球发生碰撞的机会，造成对地球的破坏性影响。因此，人们把它称为"死亡之星"。有的科学家还用地球在45亿年的历史中，遭受很多彗星和小行星的撞击，包括6 500万年前由于小行星的撞击导致恐龙的灭绝，来证明"死亡之星"的存在。当时，曾寄希望2009年11月新发射的以红外扫描天空的新型热寻像望远镜寻觅这颗"涅墨西斯星"。

但是，令人遗憾的是，30多年来，人们并没有找到这颗所谓的"死亡之星"——"涅墨西斯星"。所以，大多数科学家认为，所谓"死亡之星"并不存在，这只是一个谎言，并不真实。

漫谈小行星

在太阳系内，除了九大行星外，还有很多约46亿年前太阳系形成早期遗留

下来的一些小石头及碎片。这些
小石头和碎片，大至直径近 1 000
千米，小至与鹅卵石一般，数量
超过万颗，大多数集中在火星和
木星轨道之间的一个小行星带，
这些小天体就称为"小行星"。
目前已知最大的小行星叫"谷神"
星，其直径约 940 千米，质量只
有地球的万分之一。直径超过 240
千米的小行星也只有 16 颗，如果
将所有的小行星加在一起组成一

小行星接近地球

个单独的天体，它的直径还不到 1 500 千米，比月球的半径还小。可见大多数小
行星的体积都很小。

　　别看小行星在宇宙中并不起眼，但是，有些小行星的轨道与地球轨道相交。
一旦，有一天，一颗哪怕是很小的小行星闯入地球轨道，将会给地球带来很大
的灾难。因此，国际天文学界有专门的机构对小行星的运行进行监测。

　　2002 年 3 月，美国麻省剑桥市小行星国际天文学联盟的天文学家发现，

画家笔下的小行星撞击地球图

在 3 月初有一颗直径 50 米的小行星，
在与地球只相距 460 800 千米处划过。
460 800 千米对于我们来说也许十分遥
远，但对于浩瀚的宇宙来说，这简直是
微不足道的距离。这个距离在天文学家
眼里简直可以像两人"擦肩而过"一样。
如果它与地球相撞，足以摧毁一座中型
城市。当时，国际天文学界没有人注意
到它的行踪，直到 3 月 8 日，与地球"擦
肩而过"后的第 4 天，天文学家才发现它，
这使天文学家吃惊不小。

　　小行星撞击地球并不罕见，最近一
次发生于 1908 年 6 月 30 日，一个直径
50 米的天体在西伯利亚通古斯地区上空

10 千米处爆炸，其强度相当于一枚 1 000 万吨级氢弹爆炸的威力，有 1 000 平方千米的森林被夷为平地，不计其数的野生动物被烧焦。

2003 年年初，美国、加拿大和芬兰科学家同时发现，有一颗小行星正在与地球上演一出"猫鼠游戏"。这颗编号为"2002AA29"的小行星，直径约为 60 米，与地球一样围绕太阳旋转。但它有时从地球一侧靠近地球，有时又在地球的另一侧出现，相对于地球作马蹄形运动。虽然地球和这颗小行星互相"逗弄"，但它们不会相撞，两者"最亲密接触"也将相距 590 万千米。

小行星的命名

最近，有许多媒体报道，航天英雄杨利伟的名字将落户宇宙空间，将会出现一颗用他名字命名的小行星。你知道还有哪些由中国人的名字命名的小行星吗？

最初，小行星被发现后，一般采用神话中的人物来命名的。如 1801 年元旦，意大利天文学家皮亚齐发现的第一颗小行星被命名为"谷神"星。随后又有被命名为"智神"星、"婚神"星、"灶神"星的小行星。后来改用人名、地名、花名，甚至机构名称的首字母缩写来命名的小行星。如"伊卡鲁斯"星、"爱神"星、"希达尔戈"星等。到 1940 年已发现的小行星已经有 1 564 颗。后来将小行星的命名权归属于发现者，但小行星的命名仍有一定的规则，如政治家、军事人物或者政治、军事事件必须在逝世或发生 100 年后才能命名等，还需经过国际天文学联合会由 13 人组成的小天体提名委员会批准，由国际小行星中心向国际社会发布。

现在，天空中除了有"中华"星外，还有 100 颗由中国杰出人物、中国地名和中国的著名单位命名的小行星。

其中以杰出人物命名的如"杨振宁"星、"李政道"星、"吴健雄"星、

最早被命名的小行星——谷神星

"钱学森"星、"钱三强"星、"陈景润"星、"袁隆平"星、"谈家桢"星、"周光召"星、"田长霖"星、"田家炳"星、"曲钦岳"星、"王淦昌"星、"张大宁"星、"高锟"星、"王绶官"星、"江涛"星、"武衡"星、"巴金"星、"金庸"星、"高士其"星、"卞德培"星、"李元"星、"陈嘉庚"星、"邵逸夫"星、"曾宪梓"星、"李达三"星、"曹光彪"星、"王宽诚"星、"查刘璧如"星、"吕志和"星、"伍宜孙"星、"蒙民伟"星、"李陆大"星、"李晓华"星、"张果喜"星、"张衡"星、"祖冲之"星、"郭守敬"星、"沈括"星、"明安图"星、"林则徐"星等。另外，还有两位学生和一位老师的名字也上了小行星，他们是华东师大二附中老师"叶佩玉"星、北京中学生"孟奂"星和南京中学生"华演"星。我国第一位宇航员杨利伟的名字也将命名小行星。

以中国地名命名的小行星有"北京"星、"广东"星、"香港"星、"澳门"星、"台湾"星、"河南"星、"上海"星、"西藏"星、"扬州"星、"广州"星、"深圳"星、"延安"星、"盱眙"星、"喜马拉雅"星、"大埔"星、"温岭曙光"星、"敦煌"星、"河源"星、"南阳"星、"大埔"星、"紫金山"星等。

以著名单位命名的有"希望工程"星、"南京大学"星、"北师大"星、"光彩事业"星、"中国科学院"星、"自然科学基金"星、"三水健力宝"星等。

天上有颗"中华"星

1928 年，有一位叫张钰哲的中国青年在美国芝加哥大学天文系留学。那年冬天，他在观测天空时，发现一颗小行星在以往的星图中没有见过。他的直感告诉他，这可能是一颗新发现的小行星。后来，经过大量准确的计算，他确信这是一颗新发现的小行星，就将他的计算结果告诉了国际小行星中心，经过国际小行星中心的鉴定，确证：他发现

邮票上的天文学家张钰哲

的是一颗新的小行星，并将它编号为"1125"。根据国际惯例，小行星发现者可以给这颗小行星命名。张钰哲决定以"中华"为这颗小行星命名。从此天上有了一颗"中华"星。

1929年，张钰哲回国后，由于受当时的条件限制，无法继续跟踪观测"中华"星，也就"丢失"了。"中华"星一直被作为"被丢失了的小行星"。直到1957年10月30日，张钰哲发现一颗与"丢失"多年的"中华"星极相似的小行星。后经过整整20年的研究，并经各国天文台的许多次观测证实，确实是那颗"丢失"的"中华"星。1977年，国际小行星中心研究决定：1957年发现的那颗小行星，仍称为"中华"星，编号仍沿用1125号。

自1801年发现第一颗小行星以来，到2001年底，全世界已登记在册和有了编号的小行星共有20 957颗。据统计，太阳系内小行星的总数在50万颗左右。它们绝大多数分布在火星和木星轨道之间。这一区域被称为小行星带。

据悉，我国南京紫金山天文台已发现1 000多颗小行星，并对其中100多颗小行星有命名权。截至2000年，北京天文台施密特小行星组有275颗小行星的命名权。目前，在天空中已有100多颗小行星由中国命名，中国人的名字翱翔于宇宙空间，真可称得上"群星灿烂"。

惊心动魄 3.7 秒钟

惊心动魄的 3.7 秒

2005年7月4日下午1点50分，在离地球1.3亿千米的地方，一个约370千克重、如冰箱般大小的人造航天器，以每秒10.2千米的相对速度撞击一颗名叫"坦普尔1号"的彗星。一瞬间，在太空中上演了一场太空"焰火秀"。坦普尔1号彗核表面的冰雪、

尘埃等被溅起，冰、石的喷射犹如在太空中绽放出的美丽焰火，十分壮观。整个撞击过程只有 3.7 秒钟。

为了这惊心动魄的 3.7 秒钟，科学家整整准备了将近 6 年时间。早在 1999 年 11 月 1 日，美国科学家就开始了这项"炮轰"彗星的计划。2005 年 1 月 12 日，美国宇航局发射了一个"深度撞击"号探测器，经过 4.31 亿千米的漫长太空之旅，到达"坦普尔 1 号"彗星附近，在离"坦普尔 1 号"彗星大概有 80 万千米处开始释放撞击器，去撞击这颗直径不到 6 千米的彗星，有人比喻它是蚊子冲进一架波音 747 飞机里。

从"深度撞击"飞行器发回来的照片上可以清晰地看到，"坦普尔 1 号"彗星下部冰雪四溅，一片雪亮。这次激起的细粉状物质可能有数十万吨之多，绵延数千千米，直达彗发层。撞击后形成的坑，直径大概在 50~250 米，深度大于 50 米。彗核不像原先认为的是个"大冰坨"。

流星与流星雨

在夏天晴朗的夜晚，常常有一道银光划过夜空，这就是"流星"。它们是太空中一些行踪不定的"石块"（流星体），在飞近地球时，被地球的引力吸引住。当它们穿过地球大气层时，由于和大气相互摩擦，产生很高的温度，就燃烧发光。我们在夜空中看到的一道银光就是流星体一边坠落一边燃烧发光的景象。大多数流星体在没有掉到地面之前就燃烧完了，只有少数流星体因个头稍大，没有烧尽就落到了地面，人们就把它叫做"陨星"，别看它们是一些不起眼的石块，可确实是从天上掉下来的"星星"呢！每年降落到地球上的流星体，总重量有 20 万吨之巨！

流星雨

1999 年狮子座流星雨

流星通常是零星出现的，如果在天空中某一区域、某一段时间内出现许多流星，看上去就像下雨一样，这种现象就称为"流星雨"。特别大的流星雨又称为"流星暴"。流星雨是一大群流星体闯入地球大气的结果，这种成群结队的流星体称为"流星群"。

最著名的流星雨要算狮子座流星雨，有"流星雨之王"的美誉。它每年 11 月 14—21 日出现。它的流星数目大约为每小时 10~15 颗，平均每 33~34 年，狮子座流星雨会出现一次高峰期，流星数目可超过每小时数千颗，甚至上万颗。2002 年和 2003 年是狮子座流星雨的高峰期，流星的数量达到每小时 1 万颗以上。流星雨产生时，很像我们平时看到的烟火，从天空中某一点发射出来，这个点被称为"辐射点"，由于狮子座流星雨的辐射点位于狮子座，因此成为"狮子座流星雨"。

除此之外，还有 6 个著名的流星雨。

双子座流星雨，每年 12 月 13—14 日出现，最高时流量可以达到每小时 120 颗，且持续时间较长。双子座流星雨辐射点位于双子座，是著名的流星雨之一。

英仙座流星雨，每年固定在 7 月 17 日至 8 月 24 日出现。它不但数量多，而且几乎从来没有在夏季星空中缺席过。1992 年，英仙座流星雨大放异彩，流星数目高达每小时 400 颗以上。

猎户座流星雨，有两种：一种是辐射点在参宿四附近的流星雨，一般在 11 月 20 日左右出现；另一种辐射点在 ν 附近的流星雨则发生于 10 月 15—30 日，通常说的猎户座流星雨是指后者。

金牛座流星雨，每年的 10 月 25 日至 11 月 25 日出现，一般在 11 月 8 日是其极大日。在极大日时，平均每小时可观测到 5 颗流星，虽然流量不大，但由于周期稳定，所以是天文爱好者热衷观测的对象。

天龙座流星雨，每年的 10 月 6—10 日出现，极大日是 10 月 8 日，最高时流量可达每小时 120 颗。

天琴座流星雨，一般出现在每年的 4 月 19—23 日，通常 22 日是极大日。它是我国最早记录的流星雨。在《春秋》中，就记有它在公元前 687 年的一次大爆发。

哈雷与彗星

彗星是太阳系中的一种小天体，由尘埃、干冰、气体干冰等组成。它本身不会发光，只有当它走近太阳时，在太阳辐射和太阳风的作用下，表面蒸发出气体和尘埃会反射太阳光，使它发光。有些彗星的"蒸发物"还会形成一条或几条彗尾。这些披头散发的彗尾，很像一把扫帚，因此中国民间把彗星叫作"扫帚星"。

彗星分为彗头和彗尾两部分，彗头由彗核、彗发和彗云组成。也有的彗星没有彗尾，或没有彗云。彗核是固态的冰冻团块物质，一般体积很小，直径大多在几百米到上百千米，彗核集中了彗星的主要质量。当彗星逐渐接近太阳时，彗核表面蒸发，形成云雾状的彗发。彗发比彗核大得多，一般直径为几万千米。绝大多数彗星在距离太阳约 3 亿千米时，彗头的气体和尘埃物质被太阳辐射和太阳风推向背着太阳的一面，形成彗尾。彗尾由气体彗尾和尘埃彗尾两部分组成。彗星距太阳越近，彗尾越长；远离太阳时，彗尾就逐渐缩短。

天文学家在太阳系中发现了许多彗星，其中最著名的要算哈雷彗星了。它是由英国天文学家哈雷发现的，并对它回归做出了正确的预报。

1680 年 11 月，哈雷看到一颗亮彗星，对它产生很大的兴趣。1682 年 8 月，又一颗亮彗星出现，明亮的彗头后面还拖着一条弯弯的、特别引人注目的彗尾，引起了哈雷的关注。他认真地观测了这颗彗星，并对彗星的位置及其在星空中

英国天文学家哈雷

1986年哈雷彗星回归地球，前苏联发行的邮票

的逐日变化，作了细致的记录。他发现在过去的 100 多年里，曾有过 2 颗彗星与它的运行轨道十分相似。一颗是在 1531 年 8 月出现的彗星，另一颗是在 1607 年 10 月出现的彗星。前者相隔 76 年，后者相隔 75 年。于是，哈雷提出一个大胆的猜想：这 3 颗彗星是同一颗彗星，只是在不同年份的 3 次回归。他预言在 75 年或 76 年后的 1758 年底或 1759 年初，这颗彗星还要再一次回归。

果然不出哈雷所料，1758 年 12 月 25 日晚，一位业余天文爱好者终于发现了这颗彗星，证实了哈雷的预言。后来，人们为了纪念哈雷对天文学做出的贡献，就把这颗彗星命名为"哈雷彗星"。最近一次哈雷彗星回归是在 1986 年 2 月 9 日，下次哈雷彗星回归将在 2061 年。

世界上著名的陨石

陨石是天外来客，每年降落到地球上的陨石多达 20 多吨、2 万多块。它们都是地球以外太阳系其他天体的碎片，绝大多数来自位于火星和木星之间的小行星，少数来自月球和火星。

陨石有石陨石、铁陨石、石铁陨石三种，大多是碎片，但也有块头特别巨大的陨石来到地球。块头特别大的陨石大多是铁陨石，世界上最大的铁陨石是落在非洲纳米比亚的霍巴陨石，重约 60 吨，表面积超过 6.5 平方米，呈扁平状的外形，含铁和镍。它在地球上"定居"已经近 8 万年，1920 年被一名农民发现。中国最大的铁陨石是 1898 年在新疆清河县发现的，重达 30 吨，体积为 3.5

立方米，被称为"银骆驼"陨石，现存放在新疆地质矿产博物馆。"银骆驼"陨石，在陨石世界中排名第四。在它之前有阿根廷的艾尔·查科陨石，重约 37 吨。1969 年，人们利用金属探测器发现它藏身于地下 5 米处。它是由一颗巨大的铁陨石坠地之后分裂而成的最大一块碎片，形成的陨石坑有60 平方千米。之后是格陵兰

世界上最大的陨石——纳米比亚霍巴陨石

约克角的阿尼希托陨石，重约 31 吨，表面积达到 12.1 平方米，1894 年被发现，现保存在美国自然历史博物馆。

　　超过 10 吨的著名铁陨石还有：墨西哥的巴库比里托陨石，重约 22 吨，长达 4 米，1863 年被发现；格陵兰的阿格帕里利克陨石，重约 20 吨，1 万年前坠落于地球，1963 年被发现，现保存于丹麦哥本哈根地质博物馆；坦桑尼亚的孟伯希陨石，重约 16 吨，在地球上已定居数千年，1930 年才被发现；美国的威拉姆特陨石，重约 15.5 吨，表面积达 7.8 平方米，是在美国发现的最大陨石，表面布满凹坑，含铁和镍，1902 年被发现，现保存于美国俄勒冈州的最初发现地。

　　石陨石没有铁陨石坚硬，落地后都被砸成碎片，所以块头相对来说都比较小。世界上最大的石陨石是 1976 年陨落在中国吉林省的吉林 1 号陨石，重达 1 770 千克。

寻找外星人

　　茫茫宇宙是否存在外星人，一直是人们关心的问题，但至今仍找不到答案。自 1931 年美国新泽西州贝尔实验室的杨斯基发现来自银河系中的射电辐射以来，射电望远镜一直是寻找外星人的主要工具。中国贵州也将建成口径 500 米的全球最大的射电望远镜，犹如一只巨大的"天眼"，探测遥远、神秘的"地外文明"。但是，不少科学家认为寻找外星人应该另辟蹊径，提出了许多新的方法。

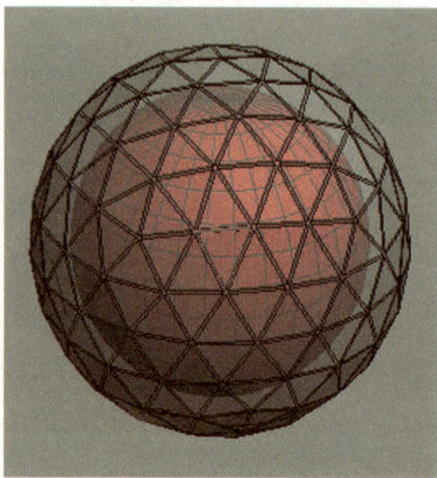

戴森球

1.通过污染寻找外星人：人类在地球上生活，既创造了文明，也制造了污染。科学家由此得到启发，通过搜寻外星人在创造文明过程中产生的污染来寻找他们的踪迹。例如，搜寻外星文明的光污染、化学污染、核污染等。就像地球上夜间的灯光，虽然很微弱，但是可以照得很远。有科学家研究，在太阳系的边缘仍可看到来自地球的灯光。人造灯光与太阳光的光谱是不一样的，可以很方便地区别开来。因此，搜寻外星文明的光污染，不失为一种寻找外星人的新方法。同样，化学污染的人造化合物、核污染产生的罕见元素，都可以作为寻找外星人的线索。

2.用"戴森球"和"费米气泡"寻找外星人：美国科学家戴森认为，一个高度发达的文明，必须要用一个巨大的球状结构将太阳包围起来，截获太阳的大部分辐射能量，支持这个文明的长期发展。这种球状结构，被称为"戴森球"。外星文明或许建有这种"戴森球"。"戴森球"发出的红外线，地球上也可以观测到。"戴森球"会遮挡住一颗恒星的光线，外星文明的多个"戴森球"围绕多个恒星，这样所在星系会产生暗区，科学家称之为"费米气泡"。"费米气泡"会辐射红外线。搜寻到"费米气泡"也许就能发现外星文明。

随着科学的发展，科学家寻找外星人的方法会越来越多。

暗物质与暗能量

暗物质和暗能量是21世纪初科学最大的谜题。诺贝尔物理学奖获得者、美国哥伦比亚大学教授李政道在一次演讲中说："20世纪初的大问题是太阳能的来源，21世纪初的大问题是暗能量的来源""了解暗物质和暗能量，是人类在21世纪向科学的最大挑战。"

什么是暗物质和暗能量呢？暗物质不发光，存在于人类已知的物质之外。目前，人们可以通过它的引力效应知道它的存在，但不知道它是什么。它的构成也和人类已知的物质不同。在宇宙中，暗物质的能量是人类已知物质能量的五倍以上。暗能量是一种不可见的、充溢空间的、具有负压强的能量。暗能量更是奇怪，以人类已知的核反应为例，反应前后的物质有少量的质量差，这个差异转化成了巨大的能量。暗能量却可以使物质的质

"哈勃"太空望远镜拍摄的暗物质环

量全部消失，完全转化为能量。宇宙中的暗能量是已知物质能量的 14 倍以上。在宇宙中，已知物质的能量只占 4%，暗物质的能量占 23%，暗能量的能量高达 73%。

1934 年，瑞士籍科学家弗里兹·兹威基在研究星系团内星系运动时，发现星系团内星系远远不足以产生如此大的引力，一定还存在着人类看不见的其他物质，他称之为"暗物质"。暗物质存在的直观证据，是引力透镜现象：当遥远星系发出的光途经某个星系团附近时，光线就会因星系团的引力偏折，这时的星系团好似一个透镜，朝这个方向望去就会看到巨大的光弧，甚至同一个星系的几个不同镜像。2010 年 2 月 15 日，美国佛罗里达大学科学家宣称，他们在美国明尼苏达州北部的索丹铁矿位于地下 610 米处的高灵敏度探测仪，捕捉到两个"暗物质粒子"的踪迹。

暗能量的主要证据有两个：一是宇宙的加速膨胀。按照爱因斯坦引力场方程，加速膨胀的现象推论出宇宙中存在着负压强的"暗能量"；另一个是近年测量出宇宙中物质的总密度，普通物质与暗物质加起来只占 1/3，尚有 2/3 的缺失。这就是暗能量，占总物质的 2/3。

然而，现在物理学的基本理论还无法解释观测到的暗物质、暗能量。物理学对这种新型物质的探索才刚刚开始，一旦找到一种理论，很可能是人们长期追求的包括引力在内的各种相互作用统一的量子理论，这将是物理学的一场重大革命。

人造黑洞

　　近年来，黑洞是人们最乐意议论的天体，因为它神秘、怪异：宇宙深处最幽暗的地方，没有人能直接观测到它。黑洞吞噬万物，任何物质一旦掉进去，就像进入了一个无底洞，再也跑不出来了，甚至包括光。人们对黑洞虽然很好奇，但绝不希望自己接近黑洞。然而，有些科学家不是这样想的，他们要在自己的实验室里造出"黑洞"来，这种"迷你"黑洞虽然不会毁灭世界，但也会像黑洞一样，任何经过它的电磁波或光，都不能逃离它的引力。

　　20世纪80年代，加拿大的昂鲁教授首先提出了人造黑洞的设想。2005年，美国的纳斯塔西教授用当时全球最大的粒子加速器，将金离子以接近光速撞出第一个"人造黑洞"。这个黑洞体积很小，却具备黑洞的许多特点。2009年10月，中国科学家崔铁军教授和程强教授造出第一个"人造电磁黑洞"，它是世界上第一个"可吸收电磁波的微波人造黑洞"，任何经过它的电磁波或光，都不可能逃离它的引力。虽然它有着"黑洞"之名，但尺寸"迷你"，可以将它装入大衣口袋里。

　　人造黑洞是一个直径22厘米的装置，有着60个同轴环，外层由40个同心环组成。从外到内的同心环的介电常数连续变化，不同介电常数，能让电磁波的方向发生相应改变，使电磁波跑不出这个装置。它虽称"黑洞"，但和真正存在于宇宙中的黑洞有很大区别。这种区别不仅体现在质量的大小上，两者的

宇宙中的黑洞

原理也并不一样。宇宙间的黑洞之所以能吞噬一切，是因为它的质量巨大，而实验室里的"黑洞"，实际上是根据光波在被吸进宇宙黑洞时的性质模拟出来的仪器，可以令光波接近时产生相似的扭曲，并被吸引。它更像一台超强吸波装置，把那些电磁波或光波源源不断

地吸入它的囊中，不受任何其他外界条件的限制。用它来吸收太阳能，不仅可以在任何天气里工作，甚至将它放在黑暗的宇宙中，也能收集到电磁波或光波，并将之转化为热能。

到黑洞边上去居住

落到黑洞中去已成为科学幻想中的恐怖一幕。现在，黑洞已成为科学的现实，而非科学的幻想。黑洞是1969年由美国科学家约翰·惠勒提出来的。但是，早在200多年前一位名叫约翰·米歇尔的剑桥人就已经产生了这个想法。

所谓"黑洞"，就是有这样一种天体，连光也不能从它里面逃脱出来。

黑洞很可能也是由恒星演化而来的。当一颗恒星衰老时，核心开始坍缩，成为一颗体积很小、质量很大的星体。如果它的质量是太阳的三倍，引发再一次坍缩，半径一旦收缩到一定程度，使光也无法向外射出，一个"黑洞"就诞生了。

黑洞有各种丰富的能量，如质量能、引力能、旋转能和电能等。有科学家想开发黑洞，利用它的能量来为人类服务。到黑洞边去居住，不是为了寻求刺激，而是开发和利用黑洞的能源。

利用旋转黑洞的旋转和带电性，可建造一台以黑洞为转子的巨大发电机，它产生的电能是任何其他发电设备无法比拟的。对不旋转的黑洞，也可利用它的强大引力发电。科学家设想，将一重物用绳索与发电机的转子连接起来，再将重物悬在黑洞的上方，重物在黑洞的引力作用下逐渐落向黑洞，带动发电机轮子旋转发电。计算表明，100克物质可以产生10亿千瓦小时的电功率。有科学家指出，黑洞引力电能的释

靠近黑洞的飞船

放，是恒星内部核聚变能的 100 倍以上。

一些科学家设想，在黑洞周围建设城市，黑洞可提供城市运转的一切能量。黑洞有旋转的和不旋转的、带电的和不带电的之分。所有黑洞都没有可见的表面。旋转黑洞的结构与水的漩涡相类似，它的漩涡区与外围静止区的界限叫静止界限，漩涡区分成内部地平面、视像地平面和贮能区三部分。越过静止界限进入贮能区的物质，可以自由运动；越过外视界进入视像地平面的物质，沿着黑洞的旋转方向，还可从一条向外的螺旋轨道逃离黑洞；越过内视界进入内部地平面的物质，只能落入黑洞内部而不可能再逃离出去。

那么，如何提取黑洞的能量呢？米勒斯·索思和惠勒提出用城市垃圾发电的方案。将城市中的垃圾收集起来，装在小车中，在将小车一辆接一辆地沿着黑洞旋转的方向，放入黑洞的贮能区，在它们绕至黑洞中心时，选择一个抛射点，将车上的垃圾倒入黑洞中，然后空车沿轨道逐渐离开贮能区，最后被一个巨大的发电机转子回收。这时的空车已增大了能量，一是被抛出的垃圾质量的能量，二是黑洞带动垃圾车旋转产生的能量。垃圾空车将能量释放给发电机转子，使转子高速旋转发电，为城市提供工业和民用电力。

还有许多开发黑洞能量的方法，如利用旋转黑洞带电和辐射等产生的激光，可以转变为电能。

但是，也有科学家认为黑洞根本就不存在。美国北卡罗来纳州大学教堂山分校的理论物理学家劳拉·梅尔西尼－霍顿说，她已经用数学证明了黑洞是不可能存在的。当恒星死亡坍塌时，将流失一大部分的质量，使它的密度不足以形成黑洞。在黑洞形成前，星球就会膨胀、爆炸。现代黑洞理论创始人之一、英国著名科学家霍金也承认，黑洞其实是不存在的，不过"灰洞"的确存在。他认为物质和能量在被黑洞困住一段时间以后，又会被重新释放到宇宙中。他还说，光线逃离黑洞核心时，它的运动就像人在跑步机上奔跑一样，慢慢地通过向外辐射而收缩。

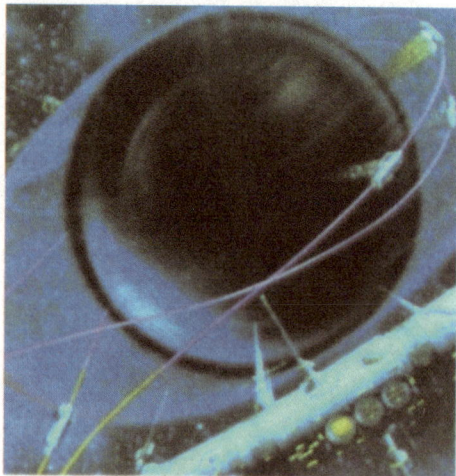
向黑洞倾倒空间城市垃圾

月亮会掉下来吗

月亮的直径为 3 476 千米，重达 73×10^{18} 吨，离地球 384 402 千米。一旦它掉下来，其撞击地球的速度将会超过每秒 11 千米，后果不堪设想。

月亮没有从天上掉下来，是因为月亮在绕地球旋转时，一方面由于万有引力的作用，月亮被地球紧紧地吸引住，另一方面由于月亮的惯性作用，使月亮趋于远离地球。引力和惯性的相互作用，使月亮一直在一个呈椭圆形的轨道上旋转。只要它一直稳定地在这轨道上旋转，月亮就不会掉到地球上来。

月亮会掉下来吗

19 世纪，奥地利天文学家奥波塞尔就曾计算出在 1208—2163 年间有 8 000 次日食和 5 200 次月食。迄今，凡他预测的 20 世纪的日食、月食均能准时地被观察到，误差不超过 1 秒。这表明月亮运行的轨道确实很稳定。我们也就没有理由担心月亮会在某一天突然从天上掉下来。

晚霞中的月亮

尽管如此，我们还不能断言，月亮运行的轨道是千古不变的，将来也是亦复如此。因为月亮不仅受到地球引力的影响，还会受到其他天体运行的干扰。难道它们不会使月亮越来越靠近地球，最后导致月亮落到了地球上吗？这个过程也许要若干亿年。

一旦这种情况真的出现了，那会怎样呢？

结果可能出乎意料。月亮靠近地球后，由于地球的直径是 12 756 千米，月亮的直径只有 3 476 千米，地球将以巨大的吸引力吸引月亮靠近地球的那一部分，而月亮背离地球的那一部分相对来说受到的地球引力要小得多。如果构成月亮的物质不很坚固，地球引力将使月亮 "粉身碎骨"，它的碎片将成为环绕地球运行的一条光带，就像土星的光环那样。因此，在这场灾难中，受害者将是月亮，而不是地球。

日月并升

传说，太阳和月亮是兄妹俩。太阳是妹妹，月亮是哥哥。太阳妹妹怕黑，月亮哥哥就让太阳妹妹白天值班，他自己在晚上值班。从此，他们俩一个白天出来，一个晚上出来，一个从东边升起，一个就在西边落下，难以有相聚的机会，只能远远相望。但是，每年的农历十月初一，这一天月亮哥哥总是要来陪陪他的太阳妹妹。虽然时间不长，但是他们很珍惜这短暂的相聚。因此，在这一天，人们会在天空中同时看到他们兄妹俩的身影。

这个美丽的传说，在民间流传了很久。但是，这一 "日月并升" 的自然奇观，却没有人见到过。1980 年，杭州大学有位教师在古书中发现，在离杭州东北 82 千米的海盐县南北湖风景区的 "鹰窠顶" 上，可以看到太阳和月亮同时在天空中出现，被人们称为 "日月并升"。为了证实书上的说法，他与另一位老师一起，特意在当年的农历十月初一赶到 "鹰窠顶" 上，亲眼看见了太阳和月亮在清晨同时出现的美景。

奥地利格拉兹小镇上的 "日月并升" 奇观

"日月并升" 时，日月合为一体，同时从钱塘江上

升起，但太阳直径略大于月亮，太阳显示出美丽的红色或蓝色光环。有时月亮先出，几乎在同一直线上太阳随之而出；有时月影在日轮中一起跳动，直至月影消失；有时太阳升起后，在太阳旁边出现一个暗灰色月亮，围着太阳一起跳动。日月并升的时间最短为5分钟，最长31分钟，一般为15分钟。

无独有偶，在2010年1月4日，许多欧洲人在奥地利的格拉兹小镇见到了"日月并升"的奇观。在这天清晨，太阳和月亮在东方地平线上同时升起，然后太阳被月亮遮住了一部分，整个过程在小镇的一座钟塔下方依次展开。

月亮是地球的卫星，它又和地球一起围绕着太阳旋转。月亮的直径只有3476千米，而太阳的直径达139万千米，两者相差悬殊。俗话说："日往月来，星移斗换"。日走了，月才会来。这是自然规律。它们是不可能同时出现在天空中的。"日月并升"现象是"大气哈哈镜"的杰作。这面"哈哈镜"将太阳和月亮同时送上天空。但是，为什么只能在每年十月初一的钱塘江北岸的"鹰窠顶"上才能见到这一自然奇景呢？这是大自然留给我们的一个谜。这个谜有待小朋友长大后去揭开它。

新夸父追日

传说，在远古时候，北方的一座"成都载天"山上住着一群巨人，他们个个身材高大、力大无比。他们的首领叫"夸父"，后人就称他们为"夸父族"。

有一年，太阳像发疯似的猛晒大地，地上的庄稼被烤焦了，河里的流水被晒干了。大旱的天气，使天下的百姓实在受不了，无法生活。夸父见到百姓的痛苦，就立下雄心壮志，一定要把太阳捉住，不让太阳再肆虐百姓。

一天，太阳刚刚从东海升起，夸父就开始从东海边上追逐太阳，连续追赶了九天九夜，快要追到太阳的时候，由于一路上的劳累，身心憔悴，夸父突然倒地晕了过去。待他醒来时，太阳已离他而去。夸父仍不气馁，继续追赶太阳。就在他再次离太阳很近的时候，强烈的太阳光使他感到燥热难熬，仿佛身上的水分都被蒸干了似的，他走到东南的黄河边上，伏下身子，猛喝黄河里的水，黄河水被他一饮而干；他又去喝渭河里的水，谁知道，渭河里的水也被他喝干了。于是，他打算向北走，去喝一个大泽里的水。可是，夸父实在太累了，走到中途，

1999 年 8 月 11 日，20 世纪最后一次日全食

就倒下了。他的尸体变成了一座大山，叫作 "夸父山"。

这个神话故事出自一本叫《山海经》的古书，表达了古代人一种依靠人力战胜自然的美好愿望。但是，在古时候，人们要实现这个愿望，是很难的。我们知道，地球的半径是 6 378 千米，在地球赤道上的一周大约是 40 000 千米。地球一天 24 小时旋转一圈，也就说，在赤道上，地球一天自转 40 000 千米，相当于每秒钟 464 米。这比声音在空气中传播的速度（每秒钟 331 米）还要快。目前，百米赛跑的世界冠军每秒才能跑 10 米多，所以，在赤道上，人靠两腿奔跑，是无论如何也追不上太阳的。

但是，夸父追日的这种精神鼓舞了后人，他们用人类特有的智慧，使追赶太阳的幻想变成了现实。现代超音速喷气式飞机飞行速度远远超过了每秒钟 464 米。当人们坐在飞机上，从东往西飞，你不仅可以追上太阳，而且太阳就像停留在你的头顶上一样，始终不愿离去。

日食是由于月球挡在地球和太阳中间造成的。日全食出现的时间十分短暂，一般只有两三分钟。最长的一次日全食也只有 7 分多钟。天文学家为了获得更多的时间观测日全食，他们会坐上超音速飞机去追赶日全食，这样看到的日全食就可以长达十多分钟。

1999 年 8 月 11 日，20 世纪最后一次日全食发生在法国、德国、奥地利等国上空。为了亲睹这罕见的奇观，法国的一批科学家带着观测仪器，坐上一架飞行速度达到声速两倍的 "协和号" 飞机，追逐太阳，和太阳作 "同步" 飞行。在飞机上，科学家对日食进行观测，直到日食结束。这一次飞行上演了一出现代版的《夸父追日》。